CHIRGHISO

VOCABOLARIO

PER STUDIO AUTODIDATTICO

ITALIANO-CHIRGHISO

Le parole più utili
Per ampliare il proprio lessico e affinare
le proprie abilità linguistiche

3000 parole

Vocabolario Italiano-Chirghiso per studio autodidattico - 3000 parole

Di Andrey Taranov

I vocabolari T&P Books si propongono come strumento di aiuto per apprendere, memorizzare e revisionare l'uso di termini stranieri. Il dizionario si divide in vari argomenti che includono la maggior parte delle attività quotidiane, tra cui affari, scienza, cultura, ecc.

Il processo di apprendimento delle parole attraverso i dizionari divisi in liste tematiche della collana T&P Books offre i seguenti vantaggi:

- Le fonti d'informazione correttamente raggruppate garantiscono un buon risultato nella memorizzazione delle parole
- La possibilità di memorizzare gruppi di parole con la stessa radice (piuttosto che memorizzarle separatamente)
- Piccoli gruppi di parole facilitano il processo di apprendimento per associazione, utile al potenziamento lessicale
- Il livello di conoscenza della lingua può essere valutato attraverso il numero di parole apprese

T&P Books Publishing
www.tpbooks.com

ISBN: 978-1-78767-036-5

VOCABOLARIO CHIRGHISO
per studio autodidattico

I vocabolari T&P Books si propongono come strumento di aiuto per apprendere, memorizzare e revisionare l'uso di termini stranieri. Il vocabolario contiene oltre 3000 parole di uso comune ordinate per argomenti.

- Il vocabolario contiene le parole più comunemente usate
- È consigliato in aggiunta ad un corso di lingua
- Risponde alle esigenze degli studenti di lingue straniere sia essi principianti o di livello avanzato
- Pratico per un uso quotidiano, per gli esercizi di revisione e di autovalutazione
- Consente di valutare la conoscenza del proprio lessico

Caratteristiche specifiche del vocabolario:

- Le parole sono ordinate secondo il proprio significato e non alfabeticamente
- Le parole sono riportate in tre colonne diverse per facilitare il metodo di revisione e autovalutazione
- I gruppi di parole sono divisi in sottogruppi per facilitare il processo di apprendimento
- Il vocabolario offre una pratica e semplice trascrizione fonetica per ogni termine straniero

Il vocabolario contiene 101 argomenti tra cui:

Concetti di Base, Numeri, Colori, Mesi, Stagioni, Unità di Misura, Abbigliamento e Accessori, Cibo e Alimentazione, Ristorante, Membri della Famiglia, Parenti, Personalità, Sentimenti, Emozioni, Malattie, Città, Visita Turistica, Acquisti, Denaro, Casa, Ufficio, Lavoro d'Ufficio, Import-export, Marketing, Ricerca di un Lavoro, Sport, Istruzione, Computer, Internet, Utensili, Natura, Paesi, Nazionalità e altro ancora ...

INDICE

GUIDA ALLA PRONUNCIA

Alfabeto fonetico T&P	Esempio chirghiso	Esempio italiano
[a]	**манжа** [manʤa]	macchia
[e]	**келечек** [keleʧek]	meno, leggere
[i]	**жигит** [ʤigit]	vittoria
[ı]	**кубаныч** [kubanıʧ]	tattica
[o]	**мактоо** [maktoo]	notte
[u]	**узундук** [uzunduk]	prugno
[ʉ]	**алюминий** [alʉminij]	aiutare
[y]	**түнкү** [tynky]	luccio
[b]	**ашкабак** [aʃkabak]	bianco
[d]	**адам** [adam]	doccia
[ʤ]	**жыгач** [ʤıgaʧ]	piangere
[f]	**флейта** [flejta]	ferrovia
[g]	**тегерек** [tegerek]	guerriero
[j]	**бөйрөк** [bøjrøk]	New York
[k]	**карапа** [karapa]	cometa
[l]	**алтын** [altın]	saluto
[m]	**бешмант** [beʃmant]	mostra
[n]	**найза** [najza]	notte
[ŋ]	**булуң** [buluŋ]	anche
[p]	**пайдубал** [pajdubal]	pieno
[r]	**рахмат** [raχmat]	ritmo, raro
[s]	**сагызган** [sagızgan]	sapere
[ʃ]	**бурулуш** [buruluʃ]	ruscello
[t]	**түтүн** [tytyn]	tattica
[χ]	**пахтадан** [paχtadan]	hobby
[ʦ]	**шприц** [ʃpriʦ]	calzini
[ʧ]	**биринчи** [birinʧi]	cinque
[v]	**квартал** [kvartal]	volare
[z]	**казуу** [kazuu]	rosa
[ʲ]	**руль, актёр** [rulʲ, aktʲor]	segno di palatalizzazione
[ʰ]	**объектив** [obʰjektiv]	Jer dura

ABBREVIAZIONI
usate nel vocabolario

Italiano. Abbreviazioni

agg	-	aggettivo
anim.	-	animato
avv	-	avverbio
cong	-	congiunzione
ecc.	-	eccetera
f	-	sostantivo femminile
f pl	-	femminile plurale
fem.	-	femminile
form.	-	formale
inanim.	-	inanimato
inform.	-	familiare
m	-	sostantivo maschile
m pl	-	maschile plurale
m, f	-	maschile, femminile
masc.	-	maschile
mil.	-	militare
pl	-	plurale
pron	-	pronome
qc	-	qualcosa
qn	-	qualcuno
sing.	-	singolare
v aus	-	verbo ausiliare
vi	-	verbo intransitivo
vi, vt	-	verbo intransitivo, transitivo
vr	-	verbo riflessivo
vt	-	verbo transitivo

CONCETTI DI BASE

1. Pronomi

io	**мен, мага**	men, maga
tu	**сен**	sen
egli, ella, esso, essa	**ал**	al
loro	**алар**	alar

2. Saluti. Convenevoli

Salve!	**Салам!**	salam!
Buongiorno!	**Саламатсызбы!**	salamatsızbı!
Buongiorno! (la mattina)	**Кутман таңыңыз менен!**	kutman taŋıŋız menen!
Buon pomeriggio!	**Кутман күнүңүз менен!**	kutman kynyŋyz menen!
Buonasera!	**Кутман кечиңиз менен!**	kutman keʧiŋiz menen!
salutare (vt)	**учурашуу**	uʧuraʃuu
Ciao! Salve!	**Кандай!**	kandaj!
saluto (m)	**салам**	salam
salutare (vt)	**саламдашуу**	salamdaʃuu
Come sta? Come stai?	**Иштериң кандай?**	iʃteriŋ kandaj?
Come sta?	**Иштериңиз кандай?**	iʃteriŋiz kandaj?
Come stai?	**Иштер кандай?**	iʃter kandaj?
Che c'è di nuovo?	**Эмне жаңылык?**	emne ʤaŋılık?
Arrivederci!	**Көрүшкөнчө!**	køryʃkønʧø!
A presto!	**Эмки жолукканга чейин!**	emki ʤolukkanga ʧejin!
Addio! (inform.)	**Кош бол!**	koʃ bol!
Addio! (form.)	**Кош болуңуз!**	koʃ boluŋuz!
congedarsi (vr)	**коштошуу**	koʃtoʃuu
Ciao! (A presto!)	**Жакшы кал!**	ʤakʃı kal!
Grazie!	**Рахмат!**	raχmat!
Grazie mille!	**Чоң рахмат!**	ʧoŋ raχmat!
Prego	**Эч нерсе эмес**	eʧ nerse emes
Non c'è di che!	**Алкышка арзыбайт**	alkıʃka arzıbajt
Di niente	**Эчтеке эмес.**	eʧteke emes
Scusa!	**Кечир!**	keʧir!
Scusi!	**Кечирип коюңузчу!**	keʧirip kojuŋuzʧu!
scusare (vt)	**кечирүү**	keʧiryy
scusarsi (vr)	**кечирим суроо**	keʧirim suroo
Chiedo scusa	**Кечирим сурайм.**	keʧirim surajm
Mi perdoni!	**Кечиресиз!**	keʧiresiz!
perdonare (vt)	**кечирүү**	keʧiryy
Non fa niente	**Эч капачылык жок.**	eʧ kapaʧılık ʤok

per favore	**суранам**	suranam
Non dimentichi!	**Унутуп калбаңыз!**	unutup kalbaŋız!
Certamente!	**Албетте!**	albette!
Certamente no!	**Албетте жок!**	albette ʤok!
D'accordo!	**Макул!**	makul!
Basta!	**Жетишет!**	ʤetiʃet!

3. Domande

Chi?	**Ким?**	kim?
Che cosa?	**Эмне?**	emne?
Dove? (in che luogo?)	**Каерде?**	kaerde?
Dove? (~ vai?)	**Каяка?**	kajaka?
Di dove?, Da dove?	**Каяктан?**	kajaktan?
Quando?	**Качан?**	katʃan?
Perché? (per quale scopo?)	**Эмне үчүн?**	emne ytʃyn?
Perché? (per quale ragione?)	**Эмнеге?**	emnege?
Per che cosa?	**Кайсы керекке?**	kajsı kerekke?
Come?	**Кандай?**	kandaj?
Che? (~ colore è?)	**Кайсы?**	kajsı?
Quale?	**Кайсынысы?**	kajsınısı?
A chi?	**Кимге?**	kimge?
Di chi?	**Ким жөнүндө?**	kim ʤønyndø?
Di che cosa?	**Эмне жөнүндө?**	emne ʤønyndø?
Con chi?	**Ким менен?**	kim menen?
Quanti?, Quanto?	**Канча?**	kantʃa?
Di chi?	**Кимдики?**	kimdiki?
Di chi? (fem.)	**Кимдики?**	kimdiki?
Di chi? (pl)	**Кимдердики?**	kimderdiki?

4. Preposizioni

con (tè ~ il latte)	**менен**	menen
senza	**-сыз, -сиз**	-sız, -siz
a (andare ~ ...)	**... көздөй**	... køzdøj
di (parlare ~ ...)	**... жөнүндө**	... ʤønyndø
prima di ...	**... астында**	... astında
di fronte a ...	**... алдында**	... aldında
sotto (avv)	**... астында**	... astında
sopra (al di ~)	**... өйдө**	... øjdø
su (sul tavolo, ecc.)	**... үстүндө**	... ystyndø
da, di (via da ..., fuori di ...)	**-дан**	-dan
di (fatto ~ cartone)	**-дан**	-dan
fra (~ dieci minuti)	**... ичинде**	... itʃinde
attraverso (dall'altra parte)	**... үстүнөн**	... ystynøn

5. Parole grammaticali. Avverbi. Parte 1

Dove?	**Каерде?**	kaerde?
qui (in questo luogo)	**бул жерде**	bul ʤerde
lì (in quel luogo)	**тээтигил жакта**	teetigil ʤakta
da qualche parte (essere ~)	**бир жерде**	bir ʤerde
da nessuna parte	**эч жакта**	eʧ ʤakta
vicino a ...	**... жанында**	... ʤanında
vicino alla finestra	**терезенин жанында**	terezenin ʤanında
Dove?	**Каяка?**	kajaka?
qui (vieni ~)	**бери**	beri
ci (~ vado stasera)	**нары**	narı
da qui	**бул жерден**	bul ʤerden
da lì	**тигил жерден**	tigil ʤerden
vicino, accanto (avv)	**жакын**	ʤakın
lontano (avv)	**алыс**	alıs
vicino (~ a Parigi)	**... тегерегинде**	... tegereginde
vicino (qui ~)	**жакын арада**	ʤakın arada
non lontano	**алыс эмес**	alıs emes
sinistro (agg)	**сол**	sol
a sinistra (rimanere ~)	**сол жакта**	sol ʤakta
a sinistra (girare ~)	**солго**	solgo
destro (agg)	**оң**	oŋ
a destra (rimanere ~)	**оң жакта**	oŋ ʤakta
a destra (girare ~)	**оңго**	oŋgo
davanti	**астыда**	astıda
anteriore (agg)	**алдыңкы**	aldıŋkı
avanti	**алдыга**	aldıga
dietro (avv)	**артында**	artında
da dietro	**артынан**	artınan
indietro	**артка**	artka
mezzo (m), centro (m)	**ортосу**	ortosu
in mezzo, al centro	**ортосунда**	ortosunda
di fianco	**капталында**	kaptalında
dappertutto	**бүт жерде**	byt ʤerde
attorno	**айланасында**	ajlanasında
da dentro	**ичинде**	iʧinde
da qualche parte (andare ~)	**бир жерде**	bir ʤerde
dritto (direttamente)	**түз**	tyz
indietro	**кайра**	kajra
da qualsiasi parte	**бир жерден**	bir ʤerden
da qualche posto (veniamo ~)	**бир жактан**	bir ʤaktan

in primo luogo	**биринчиден**	birinʧiden
in secondo luogo	**экинчиден**	ekinʧiden
in terzo luogo	**үчүнчүдөн**	yʧynʧydøn
all'improvviso	**күтпөгөн жерден**	kytpøgøn ʤerden
all'inizio	**башында**	baʃında
per la prima volta	**биринчи жолу**	birinʧi ʤolu
molto tempo prima di...	**... алдында**	... aldında
di nuovo	**башынан**	baʃınan
per sempre	**түбөлүккө**	tybølykkø
mai	**эч качан**	eʧ kaʧan
ancora	**кайра**	kajra
adesso	**эми**	emi
spesso (avv)	**көпчүлүк учурда**	køpʧylyk uʧurda
allora	**анда**	anda
urgentemente	**тезинен**	tezinen
di solito	**көбүнчө**	købynʧø
a proposito, ...	**баса, ...**	basa, ...
è possibile	**мүмкүн**	mymkyn
probabilmente	**балким**	balkim
forse	**ыктымал**	ıktımal
inoltre ...	**андан тышкары, ...**	andan tıʃkarı, ...
ecco perché ...	**ошондуктан ...**	oʃonduktan ...
nonostante (~ tutto)	**... карабастан**	... karabastan
grazie a ...	**... күчү менен**	... kyʧy menen
che cosa (pron)	**эмне**	emne
che (cong)	**эмне**	emne
qualcosa (qualsiasi cosa)	**бир нерсе**	bir nerse
qualcosa (le serve ~?)	**бир нерсе**	bir nerse
niente	**эч нерсе**	eʧ nerse
chi (pron)	**ким**	kim
qualcuno (annuire a ~)	**кимдир бирөө**	kimdir birøø
qualcuno (dipendere da ~)	**бирөө жарым**	birøø ʤarım
nessuno	**эч ким**	eʧ kim
da nessuna parte	**эч жака**	eʧ ʤaka
di nessuno	**эч кимдики**	eʧ kimdiki
di qualcuno	**бирөөнүкү**	birøønyky
così (era ~ arrabbiato)	**эми**	emi
anche (penso ~ a ...)	**ошондой эле**	oʃondoj ele
anche, pure	**дагы**	dagı

6. Parole grammaticali. Avverbi. Parte 2

Perché?	**Эмнеге?**	emnege?
per qualche ragione	**эмнегедир**	emnegedir
perché ...	**... себептен**	... sebepten
per qualche motivo	**эмне үчүндүр**	emne yʧyndyr
e (cong)	**жана**	ʤana

o (sì ~ no?)	**же**	dʒe
ma (però)	**бирок**	birok
per (~ me)	**үчүн**	ytʃyn
troppo	**өтө эле**	øtø ele
solo (avv)	**азыр эле**	azır ele
esattamente	**так**	tak
circa (~ 10 dollari)	**болжол менен**	boldʒol menen
approssimativamente	**болжол менен**	boldʒol menen
approssimativo (agg)	**болжолдуу**	boldʒolduu
quasi	**дээрлик**	deerlik
resto	**калганы**	kalganı
l'altro (~ libro)	**башка**	baʃka
altro (differente)	**башка бөлөк**	baʃka bøløk
ogni (agg)	**ар бири**	ar biri
qualsiasi (agg)	**баардык**	baardık
molti, molto	**көп**	køp
molta gente	**көбү**	køby
tutto, tutti	**баары**	baarı
in cambio di ...	**... алмашуу**	... almaʃuu
in cambio	**ордуна**	orduna
a mano (fatto ~)	**колго**	kolgo
poco probabile	**ишенүүгө болбойт**	iʃenyygø bolbojt
probabilmente	**балким**	balkim
apposta	**атайын**	atajın
per caso	**кокустан**	kokustan
molto (avv)	**аябай**	ajabaj
per esempio	**мисалы**	misalı
fra (~ due)	**ортосунда**	ortosunda
fra (~ più di due)	**арасында**	arasında
tanto (quantità)	**ошончо**	oʃontʃo
soprattutto	**өзгөчө**	øzgøtʃø

NUMERI. VARIE

7. Numeri cardinali. Parte 1

zero (m)	**нөл**	nøl
uno	**бир**	bir
due	**эки**	eki
tre	**үч**	ytʃ
quattro	**төрт**	tørt
cinque	**беш**	beʃ
sei	**алты**	altı
sette	**жети**	ʤeti
otto	**сегиз**	segiz
nove	**тогуз**	toguz
dieci	**он**	on
undici	**он бир**	on bir
dodici	**он эки**	on eki
tredici	**он үч**	on ytʃ
quattordici	**он төрт**	on tørt
quindici	**он беш**	on beʃ
sedici	**он алты**	on altı
diciassette	**он жети**	on ʤeti
diciotto	**он сегиз**	on segiz
diciannove	**он тогуз**	on toguz
venti	**жыйырма**	ʤıjırma
ventuno	**жыйырма бир**	ʤıjırma bir
ventidue	**жыйырма эки**	ʤıjırma eki
ventitre	**жыйырма үч**	ʤıjırma ytʃ
trenta	**отуз**	otuz
trentuno	**отуз бир**	otuz bir
trentadue	**отуз эки**	otuz eki
trentatre	**отуз үч**	otuz ytʃ
quaranta	**кырк**	kırk
quarantadue	**кырк эки**	kırk eki
quarantatre	**кырк үч**	kırk ytʃ
cinquanta	**элүү**	elyy
cinquantuno	**элүү бир**	elyy bir
cinquantadue	**элүү эки**	elyy eki
cinquantatre	**элүү үч**	elyy ytʃ
sessanta	**алтымыш**	altımıʃ
sessantuno	**алтымыш бир**	altımıʃ bir
sessantadue	**алтымыш эки**	altımıʃ eki

sessantatre	**алтымыш үч**	altımıʃ ytʃ
settanta	**жетимиш**	dʒetimiʃ
settantuno	**жетимиш бир**	dʒetimiʃ bir
settantadue	**жетимиш эки**	dʒetimiʃ eki
settantatre	**жетимиш үч**	dʒetimiʃ ytʃ
ottanta	**сексен**	seksen
ottantuno	**сексен бир**	seksen bir
ottantadue	**сексен эки**	seksen eki
ottantatre	**сексен үч**	seksen ytʃ
novanta	**токсон**	tokson
novantuno	**токсон бир**	tokson bir
novantadue	**токсон эки**	tokson eki
novantatre	**токсон үч**	tokson ytʃ

8. Numeri cardinali. Parte 2

cento	**бир жүз**	bir dʒyz
duecento	**эки жүз**	eki dʒyz
trecento	**үч жүз**	ytʃ dʒyz
quattrocento	**төрт жүз**	tørt dʒyz
cinquecento	**беш жүз**	beʃ dʒyz
seicento	**алты жүз**	altı dʒyz
settecento	**жети жүз**	dʒeti dʒyz
ottocento	**сегиз жүз**	segiz dʒyz
novecento	**тогуз жүз**	toguz dʒyz
mille	**бир миң**	bir miŋ
duemila	**эки миң**	eki miŋ
tremila	**үч миң**	ytʃ miŋ
diecimila	**он миң**	on miŋ
centomila	**жүз миң**	dʒyz miŋ
milione (m)	**миллион**	million
miliardo (m)	**миллиард**	milliard

9. Numeri ordinali

primo	**биринчи**	birintʃi
secondo	**экинчи**	ekintʃi
terzo	**үчүнчү**	ytʃyntʃy
quarto	**төртүнчү**	tørtyntʃy
quinto	**бешинчи**	beʃintʃi
sesto	**алтынчы**	altıntʃı
settimo	**жетинчи**	dʒetintʃi
ottavo	**сегизинчи**	segizintʃi
nono	**тогузунчу**	toguzuntʃu
decimo	**онунчу**	onuntʃu

COLORI. UNITÀ DI MISURA

10. Colori

colore (m)	**түс**	tys
sfumatura (f)	**кошумча түс**	koʃumʧa tys
tono (m)	**кубулуу**	kubuluu
arcobaleno (m)	**күндүн кулагы**	kyndyn kulagı
bianco (agg)	**ак**	ak
nero (agg)	**кара**	kara
grigio (agg)	**боз**	boz
verde (agg)	**жашыл**	ʤaʃıl
giallo (agg)	**сары**	sarı
rosso (agg)	**кызыл**	kızıl
blu (agg)	**көк**	køk
azzurro (agg)	**көгүлтүр**	køgyltyr
rosa (agg)	**мала**	mala
arancione (agg)	**кызгылт сары**	kızgılt sarı
violetto (agg)	**сыя көк**	sıja køk
marrone (agg)	**күрөң**	kyrøŋ
d'oro (agg)	**алтын түстүү**	altın tystyy
argenteo (agg)	**күмүш өңдүү**	kymyʃ øŋdyy
beige (agg)	**сары боз**	sarı boz
color crema (agg)	**саргылт**	sargılt
turchese (agg)	**бирюза**	birʉza
rosso ciliegia (agg)	**кочкул кызыл**	koʧkul kızıl
lilla (agg)	**кызгылт көгүш**	kızgılt køgyʃ
rosso lampone (agg)	**ачык кызыл**	aʧık kızıl
chiaro (agg)	**ачык**	aʧık
scuro (agg)	**күңүрт**	kyŋyrt
vivo, vivido (agg)	**ачык**	aʧık
colorato (agg)	**түстүү**	tystyy
a colori	**түстүү**	tystyy
bianco e nero (agg)	**ак-кара**	ak-kara
in tinta unita	**бир өңчөй түстө**	bir øŋʧøj tystø
multicolore (agg)	**ар түрдүү түстө**	ar tyrdyy tystø

11. Unità di misura

peso (m)	**салмак**	salmak
lunghezza (f)	**узундук**	uzunduk

larghezza (f)	**жазылык**	ʤazılık
altezza (f)	**бийиктик**	bijiktik
profondità (f)	**тереңдик**	tereŋdik
volume (m)	**көлөм**	køløm
area (f)	**аянт**	ajant
grammo (m)	**грамм**	gramm
milligrammo (m)	**миллиграмм**	milligramm
chilogrammo (m)	**килограмм**	kilogramm
tonnellata (f)	**тонна**	tonna
libbra (f)	**фунт**	funt
oncia (f)	**унция**	unʦija
metro (m)	**метр**	metr
millimetro (m)	**миллиметр**	millimetr
centimetro (m)	**сантиметр**	santimetr
chilometro (m)	**километр**	kilometr
miglio (m)	**миля**	milʲa
pollice (m)	**дюйм**	dʉjm
piede (f)	**фут**	fut
iarda (f)	**ярд**	jard
metro (m) quadro	**квадраттык метр**	kvadrattık metr
ettaro (m)	**гектар**	gektar
litro (m)	**литр**	litr
grado (m)	**градус**	gradus
volt (m)	**вольт**	volʲt
ampere (m)	**ампер**	amper
cavallo vapore (m)	**ат күчү**	at kyʧy
quantità (f)	**саны**	sanı
un po' di ...	**... бир аз**	... bir az
metà (f)	**жарым**	ʤarım
dozzina (f)	**он эки даана**	on eki daana
pezzo (m)	**даана**	daana
dimensione (f)	**чоңдук**	ʧoŋduk
scala (f) (modello in ~)	**өлчөмчөн**	ølʧømʧøn
minimo (agg)	**минималдуу**	minimalduu
minore (agg)	**эң кичинекей**	eŋ kiʧinekej
medio (agg)	**орточо**	ortoʧo
massimo (agg)	**максималдуу**	maksimalduu
maggiore (agg)	**эң чоң**	eŋ ʧoŋ

12. Contenitori

barattolo (m) di vetro	**банка**	banka
latta, lattina (f)	**банка**	banka
secchio (m)	**чака**	ʧaka
barile (m), botte (f)	**бочка**	boʧka
catino (m)	**дагара**	dagara

serbatoio (m) (per liquidi)	**бак**	bak
fiaschetta (f)	**фляжка**	flʲadʒka
tanica (f)	**канистра**	kanistra
cisterna (f)	**цистерна**	ʦɪsterna
tazza (f)	**кружка**	krudʒka
tazzina (f) (~ di caffé)	**чөйчөк**	ʧøjʧøk
piattino (m)	**табак**	tabak
bicchiere (m) (senza stelo)	**ыстакан**	ɪstakan
calice (m)	**бокал**	bokal
casseruola (f)	**мискей**	miskej
bottiglia (f)	**бөтөлкө**	bøtølkø
collo (m) (~ della bottiglia)	**оозу**	oozu
caraffa (f)	**графин**	grafin
brocca (f)	**кумура**	kumura
recipiente (m)	**идиш**	idiʃ
vaso (m) di coccio	**карапа**	karapa
vaso (m) di fiori	**ваза**	vaza
boccetta (f) (~ di profumo)	**флакон**	flakon
fiala (f)	**кичине бөтөлкө**	kiʧine bøtølkø
tubetto (m)	**тюбик**	tʉbik
sacco (m) (~ di patate)	**кап**	kap
sacchetto (m) (~ di plastica)	**пакет**	paket
pacchetto (m) (~ di sigarette, ecc.)	**пачке**	paʧke
scatola (f) (~ per scarpe)	**куту**	kutu
cassa (f) (~ di vino, ecc.)	**үкөк**	ykøk
cesta (f)	**себет**	sebet

I VERBI PIÙ IMPORTANTI

13. I verbi più importanti. Parte 1

accorgersi (vr)	**байкоо**	bajkoo
afferrare (vt)	**кармоо**	karmoo
affittare (dare in affitto)	**батирге алуу**	batirge aluu
aiutare (vt)	**жардам берүү**	ʤardam beryy
amare (qn)	**сүйүү**	syjyy
andare (camminare)	**жөө басуу**	ʤøø basuu
annotare (vt)	**кагазга түшүрүү**	kagazga tyʃyryy
appartenere (vi)	**таандык болуу**	taandık boluu
aprire (vt)	**ачуу**	aʧuu
arrivare (vi)	**келүү**	kelyy
aspettare (vt)	**күтүү**	kytyy
avere (vt)	**бар болуу**	bar boluu
avere fame	**ачка болуу**	aʧka boluu
avere fretta	**шашуу**	ʃaʃuu
avere paura	**жазкануу**	ʤazkanuu
avere sete	**суусап калуу**	suusap kaluu
avvertire (vt)	**эскертүү**	eskertyy
cacciare (vt)	**аңчылык кылуу**	aŋʧılık kıluu
cadere (vi)	**жыгылуу**	ʤıgıluu
cambiare (vt)	**өзгөртүү**	øzgørtyy
capire (vt)	**түшүнүү**	tyʃynyy
cenare (vi)	**кечки тамакты ичүү**	keʧki tamaktı iʧyy
cercare (vt)	**... издөө**	... izdøø
cessare (vt)	**токтотуу**	toktotuu
chiedere (~ aiuto)	**чакыруу**	ʧakıruu
chiedere (domandare)	**суроо**	suroo
cominciare (vt)	**баштоо**	baʃtoo
comparare (vt)	**салыштыруу**	salıʃtıruu
confondere (vt)	**адаштыруу**	adaʃtıruu
conoscere (qn)	**тaануу**	taanuu
conservare (vt)	**сактоо**	saktoo
consigliare (vt)	**кеңеш берүү**	keŋeʃ beryy
contare (calcolare)	**саноо**	sanoo
contare su ...	**... ишенүү**	... iʃenyy
continuare (vt)	**улантуу**	ulantuu
controllare (vt)	**башкаруу**	baʃkaruu
correre (vi)	**чуркоо**	ʧurkoo
costare (vt)	**туруу**	turuu
creare (vt)	**жаратуу**	ʤaratuu
cucinare (vi)	**тамак бышыруу**	tamak bıʃıruu

14. I verbi più importanti. Parte 2

dare (vt)	**берүү**	beryy
dare un suggerimento	**четин чыгаруу**	ʧetin ʧɪgaruu
decorare (adornare)	**кооздоо**	koozdoo
difendere (~ un paese)	**коргоо**	korgoo
dimenticare (vt)	**унутуу**	unutuu
dire (~ la verità)	**айтуу**	ajtuu
dirigere (compagnia, ecc.)	**башкаруу**	baʃkaruu
discutere (vt)	**талкуулоо**	talkuuloo
domandare (vt)	**суроо**	suroo
dubitare (vi)	**күмөн саноо**	kymøn sanoo
entrare (vi)	**кирүү**	kiryy
esigere (vt)	**талап кылуу**	talap kɪluu
esistere (vi)	**чыгуу**	ʧɪguu
essere (vi)	**болуу**	boluu
essere d'accordo	**макул болуу**	makul boluu
fare (vt)	**кылуу**	kɪluu
fare colazione	**эртең менен тамактануу**	erteŋ menen tamaktanuu
fare il bagno	**сууга түшүү**	suuga tyʃyy
fermarsi (vr)	**токтоо**	toktoo
fidarsi (vr)	**ишенүү**	iʃenyy
finire (vt)	**бүтүрүү**	bytyryy
firmare (~ un documento)	**кол коюу**	kol kojʉu
giocare (vi)	**ойноо**	ojnoo
girare (~ a destra)	**бурулуу**	buruluu
gridare (vi)	**кыйкыруу**	kɪjkɪruu
indovinare (vt)	**жандырмагын табуу**	ʤandɪrmagɪn tabuu
informare (vt)	**маалымат берүү**	maalɪmat beryy
ingannare (vt)	**алдоо**	aldoo
insistere (vi)	**көшөрүү**	køʃøryy
insultare (vt)	**кемсинтүү**	kemsintyy
interessarsi di ...	**... кызыгуу**	... kɪzɪguu
invitare (vt)	**чакыруу**	ʧakɪruu
lamentarsi (vr)	**арыздануу**	arɪzdanuu
lasciar cadere	**түшүрүп алуу**	tyʃyryp aluu
lavorare (vi)	**иштөө**	iʃtøø
leggere (vi, vt)	**окуу**	okuu
liberare (vt)	**бошотуу**	boʃotuu

15. I verbi più importanti. Parte 3

mancare le lezioni	**калтыруу**	kaltɪruu
mandare (vt)	**жөнөтүү**	ʤønøtyy
menzionare (vt)	**айтып өтүү**	ajtɪp øtyy
minacciare (vt)	**коркутуу**	korkutuu

mostrare (vt)	**көрсөтүү**	kørsøtyy
nascondere (vt)	**жашыруу**	ʤaʃıruu
nuotare (vi)	**сүзүү**	syzyy
obiettare (vt)	**каршы болуу**	karʃı boluu
occorrere (vimp)	**керек болуу**	kerek boluu
ordinare (~ il pranzo)	**буйрутма кылуу**	bujrutma kıluu
ordinare (mil.)	**буйрук кылуу**	bujruk kıluu
osservare (vt)	**байкоо салуу**	bajkoo
pagare (vi, vt)	**төлөө**	tøløø
parlare (vi, vt)	**сүйлөө**	syjløø
partecipare (vi)	**катышуу**	katıʃuu
pensare (vi, vt)	**ойлоо**	ojloo
perdonare (vt)	**кечирүү**	keʧiryy
permettere (vt)	**уруксат берүү**	uruksat beryy
piacere (vi)	**жактыруу**	ʤaktıruu
piangere (vi)	**ыйлоо**	ıjloo
pianificare (vt)	**пландаштыруу**	plandaʃtıruu
possedere (vt)	**ээ болуу**	ee boluu
potere (v aus)	**жасай алуу**	ʤasaj aluu
pranzare (vi)	**түштөнүү**	tyʃtønyy
preferire (vt)	**артык көрүү**	artık køryy
pregare (vi, vt)	**дуба кылуу**	duba kıluu
prendere (vt)	**алуу**	aluu
prevedere (vt)	**күтүү**	kytyy
promettere (vt)	**убада берүү**	ubada beryy
pronunciare (vt)	**айтуу**	ajtuu
proporre (vt)	**сунуштоо**	sunuʃtoo
punire (vt)	**жазалоо**	ʤazaloo
raccomandare (vt)	**сунуштоо**	sunuʃtoo
ridere (vi)	**күлүү**	kylyy
rifiutarsi (vr)	**баш тартуу**	baʃ tartuu
rincrescere (vi)	**өкүнүү**	økynyy
ripetere (ridire)	**кайталоо**	kajtaloo
riservare (vt)	**камдык буйрутмалоо**	kamdık bujrutmaloo
rispondere (vi, vt)	**жооп берүү**	ʤoop beryy
rompere (spaccare)	**сындыруу**	sındıruu
rubare (~ i soldi)	**уурдоо**	uurdoo

16. I verbi più importanti. Parte 4

salvare (~ la vita a qn)	**куткаруу**	kutkaruu
sapere (vt)	**билүү**	bilyy
sbagliare (vi)	**ката кетирүү**	kata ketiryy
scavare (vt)	**казуу**	kazuu
scegliere (vt)	**тандоо**	tandoo
scendere (vi)	**ылдый түшүү**	ıldıj tyʃyy
scherzare (vi)	**тамашалоо**	tamaʃaloo

scrivere (vt)	**жазуу**	ʤazuu
scusare (vt)	**кечирүү**	keʧiryy
scusarsi (vr)	**кечирим суроо**	keʧirim suroo
sedersi (vr)	**отуруу**	oturuu
seguire (vt)	**... ээрчүү**	... eerʧyy
sgridare (vt)	**урушуу**	uruʃuu
significare (vt)	**билдирүү**	bildiryy
sorridere (vi)	**жылмаюу**	ʤılmaʤʉu
sottovalutare (vt)	**баалабоо**	baalaboo
sparare (vi)	**атуу**	atuu
sperare (vi, vt)	**үмүттөнүү**	ymyttønyy
spiegare (vt)	**түшүндүрүү**	tyʃyndyryy
studiare (vt)	**окуу**	okuu
stupirsi (vr)	**таң калуу**	taŋ kaluu
tacere (vi)	**унчукпоо**	unʧukpoo
tentare (vt)	**аракет кылуу**	araket kıluu
toccare (~ con le mani)	**тийүү**	tijyy
tradurre (vt)	**которуу**	kotoruu
trovare (vt)	**таап алуу**	taap aluu
uccidere (vt)	**өлтүрүү**	øltyryy
udire (percepire suoni)	**угуу**	uguu
unire (vt)	**бириктирүү**	biriktiryy
uscire (vi)	**чыгуу**	ʧıguu
vantarsi (vr)	**мактануу**	maktanuu
vedere (vt)	**көрүү**	køryy
vendere (vt)	**сатуу**	satuu
volare (vi)	**учуу**	uʧuu
volere (desiderare)	**каалоо**	kaaloo

ORARIO. CALENDARIO

17. Giorni della settimana

lunedì (m)	**дүйшөмбү**	dyʃømby
martedì (m)	**шейшемби**	ʃeʃembi
mercoledì (m)	**шаршемби**	ʃarʃembi
giovedì (m)	**бейшемби**	beʃembi
venerdì (m)	**жума**	ʤuma
sabato (m)	**ишенби**	iʃenbi
domenica (f)	**жекшемби**	ʤekʃembi
oggi (avv)	**бүгүн**	bygyn
domani	**эртең**	erteŋ
dopodomani	**бирсүгүнү**	birsygyny
ieri (avv)	**кечээ**	keʧee
l'altro ieri	**мурда күнү**	murda kyny
giorno (m)	**күн**	kyn
giorno (m) lavorativo	**иш күнү**	iʃ kyny
giorno (m) festivo	**майрам күнү**	majram kyny
giorno (m) di riposo	**дем алыш күн**	dem alıʃ kyn
fine (m) settimana	**дем алыш күндөр**	dem alıʃ kyndør
tutto il giorno	**күнү бою**	kyny boju
l'indomani	**кийинки күнү**	kijinki kyny
due giorni fa	**эки күн мурун**	eki kyn murun
il giorno prima	**жакында**	ʤakında
quotidiano (agg)	**күндө**	kyndø
ogni giorno	**күн сайын**	kyn sajın
settimana (f)	**жума**	ʤuma
la settimana scorsa	**өткөн жумада**	øtkøn ʤumada
la settimana prossima	**келаткан жумада**	kelatkan ʤumada
settimanale (agg)	**жума сайын**	ʤuma sajın
ogni settimana	**жума сайын**	ʤuma sajın
due volte alla settimana	**жумасына эки жолу**	ʤumasına eki ʤolu
ogni martedì	**ар шейшемби**	ar ʃeʃembi

18. Ore. Giorno e notte

mattina (f)	**таң**	taŋ
di mattina	**эртең менен**	erteŋ menen
mezzogiorno (m)	**жарым күн**	ʤarım kyn
nel pomeriggio	**түштөн кийин**	tyʃtøn kijin
sera (f)	**кеч**	keʧ
di sera	**кечинде**	keʧinde

notte (f)	**түн**	tyn
di notte	**түндө**	tyndø
mezzanotte (f)	**жарым түн**	ʤarım tyn
secondo (m)	**секунда**	sekunda
minuto (m)	**мүнөт**	mynøt
ora (f)	**саат**	saat
mezzora (f)	**жарым саат**	ʤarım saat
un quarto d'ora	**чейрек саат**	ʧejrek saat
quindici minuti	**он беш мүнөт**	on beʃ mynøt
ventiquattro ore	**сутка**	sutka
levata (f) del sole	**күндүн чыгышы**	kyndyn ʧıgıʃı
alba (f)	**таң агаруу**	taŋ agaruu
mattutino (m)	**таң эрте**	taŋ erte
tramonto (m)	**күн батуу**	kyn batuu
di buon mattino	**таң эрте**	taŋ erte
stamattina	**бүгүн эртең менен**	bygyn erteŋ menen
domattina	**эртең эртең менен**	erteŋ erteŋ menen
oggi pomeriggio	**күндүзү**	kyndyzy
nel pomeriggio	**түштөн кийин**	tyʃtøn kijin
domani pomeriggio	**эртең түштөн кийин**	erteŋ tyʃtøn kijin
stasera	**бүгүн кечинде**	bygyn keʧinde
domani sera	**эртең кечинде**	erteŋ keʧinde
alle tre precise	**туура саат үчтө**	tuura saat yʧtø
verso le quattro	**болжол менен төрт саат**	bolʤol menen tørt saat
per le dodici	**саат он экиде**	saat on ekide
fra venti minuti	**жыйырма мүнөттөн кийин**	ʤıjırma mynøttøn kijin
fra un'ora	**бир сааттан кийин**	bir saattan kijin
puntualmente	**өз убагында**	øz ubagında
un quarto di ...	**... он беш мүнөт калды**	... on beʃ mynøt kaldı
entro un'ora	**бир сааттын ичинде**	bir saattın iʧinde
ogni quindici minuti	**он беш мүнөт сайын**	on beʃ mynøt sajın
giorno e notte	**бир сутка бою**	bir sutka boju

19. Mesi. Stagioni

gennaio (m)	**январь**	janvarʲ
febbraio (m)	**февраль**	fevralʲ
marzo (m)	**март**	mart
aprile (m)	**апрель**	aprelʲ
maggio (m)	**май**	maj
giugno (m)	**июнь**	ijunʲ
luglio (m)	**июль**	ijulʲ
agosto (m)	**август**	avgust
settembre (m)	**сентябрь**	sentʲabrʲ
ottobre (m)	**октябрь**	oktʲabrʲ

novembre (m)	**ноябрь**	nojabrʲ
dicembre (m)	**декабрь**	dekabrʲ
primavera (f)	**жаз**	ʤaz
in primavera	**жазында**	ʤazında
primaverile (agg)	**жазгы**	ʤazgı
estate (f)	**жай**	ʤaj
in estate	**жайында**	ʤajında
estivo (agg)	**жайкы**	ʤajkı
autunno (m)	**күз**	kyz
in autunno	**күзүндө**	kyzyndø
autunnale (agg)	**күздүк**	kyzdyk
inverno (m)	**кыш**	kıʃ
in inverno	**кышында**	kıʃında
invernale (agg)	**кышкы**	kıʃkı
mese (m)	**ай**	aj
questo mese	**ушул айда**	uʃul ajda
il mese prossimo	**кийинки айда**	kijinki ajda
il mese scorso	**өткөн айда**	øtkøn ajda
un mese fa	**бир ай мурун**	bir aj murun
fra un mese	**бир айдан кийин**	bir ajdan kijin
fra due mesi	**эки айдан кийин**	eki ajdan kijin
un mese intero	**ай бою**	aj bojʉ
per tutto il mese	**толук бир ай**	toluk bir aj
mensile (rivista ~)	**ай сайын**	aj sajın
mensilmente	**ай сайын**	aj sajın
ogni mese	**ар бир айда**	ar bir ajda
due volte al mese	**айына эки жолу**	ajına eki ʤolu
anno (m)	**жыл**	ʤıl
quest'anno	**бул жылы**	bul ʤılı
l'anno prossimo	**келаткан жылы**	kelatkan ʤılı
l'anno scorso	**өткөн жылы**	øtkøn ʤılı
un anno fa	**бир жыл мурун**	bir ʤıl murun
fra un anno	**бир жылдан кийин**	bir ʤıldan kijin
fra due anni	**эки жылдан кийин**	eki ʤıldan kijin
un anno intero	**жыл бою**	ʤıl boʤʉ
per tutto l'anno	**толук бир жыл**	toluk bir ʤıl
ogni anno	**ар жыл сайын**	ar ʤıl sajın
annuale (agg)	**жыл сайын**	ʤıl sajın
annualmente	**жыл сайын**	ʤıl sajın
quattro volte all'anno	**жылына төрт жолу**	ʤılına tørt ʤolu
data (f) (~ di oggi)	**число**	ʧislo
data (f) (~ di nascita)	**күн**	kyn
calendario (m)	**календарь**	kalendarʲ
mezz'anno (m)	**жарым жыл**	ʤarım ʤıl
semestre (m)	**жарым чейрек**	ʤarım ʧejrek

stagione (f) (estate, ecc.)	**мезгил**	mezgil
secolo (m)	**кылым**	kılım

VIAGGIO. HOTEL

20. Escursione. Viaggio

turismo (m)	**туризм**	turizm
turista (m)	**турист**	turist
viaggio (m) (all'estero)	**саякат**	sajakat
avventura (f)	**укмуштуу окуя**	ukmuʃtuu okuja
viaggio (m) (corto)	**сапар**	sapar
vacanza (f)	**дем алыш**	dem alıʃ
essere in vacanza	**дем алышка чыгуу**	dem alıʃka ʧıguu
riposo (m)	**эс алуу**	es aluu
treno (m)	**поезд**	poezd
in treno	**поезд менен**	poezd menen
aereo (m)	**учак**	uʧak
in aereo	**учакта**	uʧakta
in macchina	**автомобилде**	avtomobilde
in nave	**кемеде**	kemede
bagaglio (m)	**жүк**	ʤyk
valigia (f)	**чемодан**	ʧemodan
carrello (m)	**араба**	araba
passaporto (m)	**паспорт**	pasport
visto (m)	**виза**	viza
biglietto (m)	**билет**	bilet
biglietto (m) aereo	**авиабилет**	aviabilet
guida (f)	**жол көрсөткүч**	ʤol kørsøtkyʧ
carta (f) geografica	**карта**	karta
località (f)	**жай**	ʤaj
luogo (m)	**жер**	ʤer
ogetti (m pl) esotici	**экзотика**	ekzotika
esotico (agg)	**экзотикалуу**	ekzotikaluu
sorprendente (agg)	**ажайып**	aʤajıp
gruppo (m)	**топ**	top
escursione (f)	**экскурсия**	ekskursija
guida (f) (cicerone)	**экскурсия жетекчиси**	ekskursija ʤetekʧisi

21. Hotel

albergo, hotel (m)	**мейманкана**	mejmankana
motel (m)	**мотель**	motelʲ
tre stelle	**үч жылдыздуу**	yʧ ʤıldızduu

cinque stelle	**беш жылдыздуу**	beʃ ʤıldızduu
alloggiare (vi)	**токтоо**	toktoo
camera (f)	**номер**	nomer
camera (f) singola	**бир орундуу**	bir orunduu
camera (f) doppia	**эки орундуу**	eki orunduu
prenotare una camera	**номерди камдык буйрутмалоо**	nomerdi kamdık bujrutmaloo
mezza pensione (f)	**жарым пансион**	ʤarım pansion
pensione (f) completa	**толук пансион**	toluk pansion
con bagno	**ваннасы менен**	vannası menen
con doccia	**душ менен**	duʃ menen
televisione (f) satellitare	**спутник**	sputnik
condizionatore (m)	**аба желдеткич**	aba ʤeldetkiʧ
asciugamano (m)	**сүлгү**	sylgy
chiave (f)	**ачкыч**	aʧkıʧ
amministratore (m)	**администратор**	administrator
cameriera (f)	**үй кызматкери**	yj kızmatkeri
portabagagli (m)	**жүк ташуучу**	ʤyk taʃuuʧu
portiere (m)	**эшик ачуучу**	eʃik aʧuuʧu
ristorante (m)	**ресторан**	restoran
bar (m)	**бар**	bar
colazione (f)	**таңкы тамак**	taŋkı tamak
cena (f)	**кечки тамак**	keʧki tamak
buffet (m)	**шведче стол**	ʃvedʧe stol
hall (f) (atrio d'ingresso)	**вестибюль**	vestibʉlʲ
ascensore (m)	**лифт**	lift
NON DISTURBARE	**ТЫНЧЫБЫЗДЫ АЛБАГЫЛА!**	tınʧıbızdı albagıla!
VIETATO FUMARE!	**ТАМЕКИ ЧЕГҮҮГӨ БОЛБОЙТ!**	tameki ʧegyygø bolbojt!

22. Visita turistica

monumento (m)	**эстелик**	estelik
fortezza (f)	**чеп**	ʧep
palazzo (m)	**сарай**	saraj
castello (m)	**сепил**	sepil
torre (f)	**мунара**	munara
mausoleo (m)	**күмбөз**	kymbøz
architettura (f)	**архитектура**	arχitektura
medievale (agg)	**орто кылымдык**	orto kılımdık
antico (agg)	**байыркы**	bajırkı
nazionale (agg)	**улуттук**	uluttuk
famoso (agg)	**таанымал**	taanımal
turista (m)	**турист**	turist
guida (f)	**гид**	gid

escursione (f)	**экскурсия**	ekskursija
fare vedere	**көрсөтүү**	kørsøtyy
raccontare (vt)	**айтып берүү**	ajtıp beryy
trovare (vt)	**табуу**	tabuu
perdersi (vr)	**адашып кетүү**	adaʃıp ketyy
mappa (f) (~ della metropolitana)	**схема**	sχema
piantina (f) (~ della città)	**план**	plan
souvenir (m)	**асембелек**	asembelek
negozio (m) di articoli da regalo	**асембелек дүкөнү**	asembelek dykøny
fare foto	**сүрөткө тартуу**	syrøtkø tartuu
fotografarsi	**сүрөткө түшүү**	syrøtkø tyʃyy

MEZZI DI TRASPORTO

23. Aeroporto

aeroporto (m)	**аэропорт**	aeroport
aereo (m)	**учак**	uʧak
compagnia (f) aerea	**авиакомпания**	aviakompanija
controllore (m) di volo	**авиадиспетчер**	aviadispetʧer
partenza (f)	**учуп кетүү**	uʧup ketyy
arrivo (m)	**учуп келүү**	uʧup kelyy
arrivare (vi)	**учуп келүү**	uʧup kelyy
ora (f) di partenza	**учуп кетүү убактысы**	uʧup ketyy ubaktısı
ora (f) di arrivo	**учуп келүү убактысы**	uʧup kelyy ubaktısı
essere ritardato	**кармалуу**	karmaluu
volo (m) ritardato	**учуп кетүүнүн кечигиши**	uʧup ketyynyn keʧigiʃi
tabellone (m) orari	**маалымат таблосу**	maalımat tablosu
informazione (f)	**маалымат**	maalımat
annunciare (vt)	**кулактандыруу**	kulaktandıruu
volo (m)	**рейс**	rejs
dogana (f)	**бажыкана**	badʒıkana
doganiere (m)	**бажы кызматкери**	badʒı kızmatkeri
dichiarazione (f)	**бажы декларациясы**	badʒı deklaratsijası
riempire (~ una dichiarazione)	**толтуруу**	tolturuu
riempire una dichiarazione	**декларация толтуруу**	deklaratsija tolturuu
controllo (m) passaporti	**паспорт текшерүү**	pasport tekʃeryy
bagaglio (m)	**жүк**	dʒyk
bagaglio (m) a mano	**кол жүгү**	kol dʒygy
carrello (m)	**араба**	araba
atterraggio (m)	**конуу**	konuu
pista (f) di atterraggio	**конуу тилкеси**	konuu tilkesi
atterrare (vi)	**конуу**	konuu
scaletta (f) dell'aereo	**трап**	trap
check-in (m)	**катталуу**	kattaluu
banco (m) del check-in	**каттоо стойкасы**	kattoo stojkası
fare il check-in	**катталуу**	kattaluu
carta (f) d'imbarco	**отуруу үчүн талон**	oturuu yʧyn talon
porta (f) d'imbarco	**чыгуу**	ʧıguu
transito (m)	**транзит**	tranzit
aspettare (vt)	**күтүү**	kytyy

sala (f) d'attesa	**кутүү залы**	kutyy zalı
accompagnare (vt)	**узатуу**	uzatuu
congedarsi (vr)	**коштошуу**	koʃtoʃuu

24. Aeroplano

aereo (m)	**учак**	utʃak
biglietto (m) aereo	**авиабилет**	aviabilet
compagnia (f) aerea	**авиакомпания**	aviakompanija
aeroporto (m)	**аэропорт**	aeroport
supersonico (agg)	**сверхзвуковой**	sverχzvukovoj
comandante (m)	**кеме командири**	keme komandiri
equipaggio (m)	**экипаж**	ekipadʒ
pilota (m)	**учкуч**	utʃkutʃ
hostess (f)	**стюардесса**	stʉardessa
navigatore (m)	**штурман**	ʃturman
ali (f pl)	**канаттар**	kanattar
coda (f)	**куйрук**	kujruk
cabina (f)	**кабина**	kabina
motore (m)	**кыймылдаткыч**	kıjmıldatkıtʃ
carrello (m) d'atterraggio	**шасси**	ʃassi
turbina (f)	**турбина**	turbina
elica (f)	**пропеллер**	propeller
scatola (f) nera	**кара куту**	kara kutu
barra (f) di comando	**штурвал**	ʃturval
combustibile (m)	**күйүүчү май**	kyjyytʃy may
safety card (f)	**коопсуздук көрсөтмөсү**	koopsuzduk kørsøtmøsy
maschera (f) ad ossigeno	**кислород чүмбөтү**	kislorod tʃymbøty
uniforme (f)	**бир беткей кийим**	bir betkey kijim
giubbotto (m) di salvataggio	**куткаруучу күрмө**	kutkaruutʃu kyrmø
paracadute (m)	**парашют**	paraʃʉt
decollo (m)	**учуп көтөрүлүү**	utʃup køtørylyy
decollare (vi)	**учуп көтөрүлүү**	utʃup køtørylyy
pista (f) di decollo	**учуп чыгуу тилкеси**	utʃup tʃıguu tilkesi
visibilità (f)	**көрүнүш**	kørynyʃ
volo (m)	**учуу**	utʃuu
altitudine (f)	**бийиктик**	bijiktik
vuoto (m) d'aria	**аба чүңкуру**	aba tʃyŋkuru
posto (m)	**орун**	orun
cuffia (f)	**кулакчын**	kulaktʃın
tavolinetto (m) pieghevole	**бүктөлмө стол**	byktølmø stol
oblò (m), finestrino (m)	**иллюминатор**	illʉminator
corridoio (m)	**өтмөк**	øtmøk

25. Treno

treno (m)	**поезд**	poezd
elettrotreno (m)	**электричка**	elektriʧka
treno (m) rapido	**бат жүрүүчү поезд**	bat ʤyryyʧy poezd
locomotiva (f) diesel	**тепловоз**	teplovoz
locomotiva (f) a vapore	**паровоз**	parovoz
carrozza (f)	**вагон**	vagon
vagone (m) ristorante	**вагон-ресторан**	vagon-restoran
rotaie (f pl)	**рельсалар**	relʲsalar
ferrovia (f)	**темир жолу**	temir ʤolu
traversa (f)	**шпала**	ʃpala
banchina (f) (~ ferroviaria)	**платформа**	platforma
binario (m) (~ 1, 2)	**жол**	ʤol
semaforo (m)	**семафор**	semafor
stazione (f)	**бекет**	beket
macchinista (m)	**машинист**	maʃinist
portabagagli (m)	**жук ташуучу**	ʤuk taʃuuʧu
cuccettista (m, f)	**проводник**	provodnik
passeggero (m)	**жүргүнчү**	ʤyrgynʧy
controllore (m)	**текшерүүчү**	tekʃeryyʧy
corridoio (m)	**коридор**	koridor
freno (m) di emergenza	**стоп-кран**	stop-kran
scompartimento (m)	**купе**	kupe
cuccetta (f)	**текче**	tekʧe
cuccetta (f) superiore	**үстүңкү текче**	ystyŋky tekʧe
cuccetta (f) inferiore	**ылдыйкы текче**	ıldıjkı tekʧe
biancheria (f) da letto	**жууркан-төшөк**	ʤuurkan-tøʃøk
biglietto (m)	**билет**	bilet
orario (m)	**ыраттама**	ıraattama
tabellone (m) orari	**табло**	tablo
partire (vi)	**жөнөө**	ʤønøø
partenza (f)	**жөнөө**	ʤønøø
arrivare (di un treno)	**келүү**	kelyy
arrivo (m)	**келүү**	kelyy
arrivare con il treno	**поезд менен келүү**	poezd menen kelyy
salire sul treno	**поездге отуруу**	poezdge oturuu
scendere dal treno	**поездден түшүү**	poezdden tyʃyy
deragliamento (m)	**кыйроо**	kıjroo
deragliare (vi)	**рельсадан чыгып кетүү**	relʲsadan ʧıgıp ketyy
locomotiva (f) a vapore	**паровоз**	parovoz
fuochista (m)	**от жагуучу**	ot ʤaguuʧu
forno (m)	**меш**	meʃ
carbone (m)	**көмүр**	kømyr

26. Nave

nave (f)	**кеме**	keme
imbarcazione (f)	**кеме**	keme
piroscafo (m)	**пароход**	paroχod
barca (f) fluviale	**теплоход**	teploχod
transatlantico (m)	**лайнер**	lajner
incrociatore (m)	**крейсер**	krejser
yacht (m)	**яхта**	jaχta
rimorchiatore (m)	**буксир**	buksir
chiatta (f)	**баржа**	bardʒa
traghetto (m)	**паром**	parom
veliero (m)	**парус**	parus
brigantino (m)	**бригантина**	brigantina
rompighiaccio (m)	**муз жаргыч кеме**	muz dʒargıʧ keme
sottomarino (m)	**суу астында жүрүүчү кеме**	suu astında dʒyryyʧy keme
barca (f)	**кайык**	kajık
scialuppa (f)	**шлюпка**	ʃlʉpka
scialuppa (f) di salvataggio	**куткаруу шлюпкасы**	kutkaruu ʃlʉpkası
motoscafo (m)	**катер**	kater
capitano (m)	**капитан**	kapitan
marittimo (m)	**матрос**	matros
marinaio (m)	**деңизчи**	deŋizʧi
equipaggio (m)	**экипаж**	ekipadʒ
nostromo (m)	**боцман**	boʦman
mozzo (m) di nave	**юнга**	jʉnga
cuoco (m)	**кок**	kok
medico (m) di bordo	**кеме доктуру**	keme dokturu
ponte (m)	**палуба**	paluba
albero (m)	**мачта**	maʧta
vela (f)	**парус**	parus
stiva (f)	**трюм**	trʉm
prua (f)	**тумшук**	tumʃuk
poppa (f)	**кеменин арткы бөлүгү**	kemenin artkı bølygy
remo (m)	**калак**	kalak
elica (f)	**винт**	vint
cabina (f)	**каюта**	kajʉta
quadrato (m) degli ufficiali	**кают-компания**	kajʉt-kompanija
sala (f) macchine	**машина бөлүгү**	maʃina bølygy
ponte (m) di comando	**капитан мостиги**	kapitan mostigi
cabina (f) radiotelegrafica	**радиорубка**	radiorubka
onda (f)	**толкун**	tolkun
giornale (m) di bordo	**кеме журналы**	keme dʒurnalı
cannocchiale (m)	**дүрбү**	dyrby

campana (f)	**коңгуроо**	koŋguroo
bandiera (f)	**байрак**	bajrak
cavo (m) (~ d'ormeggio)	**аркан**	arkan
nodo (m)	**түйүн**	tyjyn
ringhiera (f)	**туткуч**	tutkuʧ
passerella (f)	**трап**	trap
ancora (f)	**кеме казык**	keme kazık
levare l'ancora	**кеме казыкты көтөрүү**	keme kazıktı køtøryy
gettare l'ancora	**кеме казыкты таштоо**	keme kazıktı taʃtoo
catena (f) dell'ancora	**казык чынжыры**	kazık ʧinʤırı
porto (m)	**порт**	port
banchina (f)	**причал**	priʧal
ormeggiarsi (vr)	**келип токтоо**	kelip toktoo
salpare (vi)	**жээктен алыстоо**	ʤeekten alıstoo
viaggio (m)	**саякат**	sajakat
crociera (f)	**деңиз саякаты**	deŋiz sajakatı
rotta (f)	**курс**	kurs
itinerario (m)	**каттам**	kattam
tratto (m) navigabile	**фарватер**	farvater
secca (f)	**тайыз жер**	tajız ʤer
arenarsi (vr)	**тайыз жерге отуруу**	tajız ʤerge oturuu
tempesta (f)	**бороон чапкын**	boroon ʧapkın
segnale (m)	**сигнал**	signal
affondare (andare a fondo)	**чөгүү**	ʧøgyy
Uomo in mare!	**Сууда адам бар!**	suuda adam bar!
SOS	**SOS**	sos
salvagente (m) anulare	**куткаруучу тегерек**	kutkaruuʧu tegerek

CITTÀ

27. Mezzi pubblici in città

autobus (m)	**автобус**	avtobus
tram (m)	**трамвай**	tramvaj
filobus (m)	**троллейбус**	trollejbus
itinerario (m)	**каттам**	kattam
numero (m)	**номер**	nomer
andare in ...	**... жүрүү**	... ʤyryy
salire (~ sull'autobus)	**... отуруу**	... oturuu
scendere da ...	**... түшүп калуу**	... tyʃyp kaluu
fermata (f) (~ dell'autobus)	**аялдама**	ajaldama
prossima fermata (f)	**кийинки аялдама**	kijinki ajaldama
capolinea (m)	**акыркы аялдама**	akırkı ajaldama
orario (m)	**ырааттама**	ıraattama
aspettare (vt)	**күтүү**	kytyy
biglietto (m)	**билет**	bilet
prezzo (m) del biglietto	**билеттин баасы**	bilettin baası
cassiere (m)	**кассир**	kassir
controllo (m) dei biglietti	**текшерүү**	tekʃeryy
bigliettaio (m)	**текшерүүчү**	tekʃeryyʧy
essere in ritardo	**кечигүү**	keʧigyy
perdere (~ il treno)	**кечигип калуу**	keʧigip kaluu
avere fretta	**шашуу**	ʃaʃuu
taxi (m)	**такси**	taksi
taxista (m)	**такси айдоочу**	taksi ajdooʧu
in taxi	**таксиде**	takside
parcheggio (m) di taxi	**такси токтоочу жай**	taksi toktooʧu ʤaj
chiamare un taxi	**такси чакыруу**	taksi ʧakıruu
prendere un taxi	**такси кармоо**	taksi karmoo
traffico (m)	**көчө кыймылы**	køʧø kıjmılı
ingorgo (m)	**тыгын**	tıgın
ore (f pl) di punta	**кызуу маал**	kızuu maal
parcheggiarsi (vr)	**токтотуу**	toktotuu
parcheggiare (vt)	**машинаны жайлаштыруу**	maʃinanı ʤajlaʃtıruu
parcheggio (m)	**унаа токтоочу жай**	unaa toktooʧu ʤaj
metropolitana (f)	**метро**	metro
stazione (f)	**бекет**	beket
prendere la metropolitana	**метродо жүрүү**	metrodo ʤyryy
treno (m)	**поезд**	poezd
stazione (f) ferroviaria	**вокзал**	vokzal

28. Città. Vita di città

città (f)	**шаар**	ʃaar
capitale (f)	**борбор**	borbor
villaggio (m)	**кыштак**	kıʃtak
mappa (f) della città	**шаардын планы**	ʃaardın planı
centro (m) della città	**шаардын борбору**	ʃaardın borboru
sobborgo (m)	**шаардын чет жакасы**	ʃaardın ʧet ʤakası
suburbano (agg)	**шаардын чет жакасындагы**	ʃaardın ʧet ʤakasındagı
periferia (f)	**чет-жака**	ʧet-ʤaka
dintorni (m pl)	**чет-жака**	ʧet-ʤaka
isolato (m)	**квартал**	kvartal
quartiere residenziale	**турак-жай кварталы**	turak-ʤaj kvartalı
traffico (m)	**көчө кыймылы**	køʧø kıjmılı
semaforo (m)	**светофор**	svetofor
trasporti (m pl) urbani	**шаар транспорту**	ʃaar transportu
incrocio (m)	**кесилиш**	kesiliʃ
passaggio (m) pedonale	**жөө жүрүүчүлөр жолу**	ʤøø ʤyryyʧylør ʤolu
sottopassaggio (m)	**жер астындагы жол**	ʤer astındagı ʤol
attraversare (vt)	**жолду өтүү**	ʤoldu øtyy
pedone (m)	**жөө жүрүүчү**	ʤøø ʤyryyʧy
marciapiede (m)	**жанжол**	ʤanʤol
ponte (m)	**көпүрө**	køpyrø
banchina (f)	**жээк жол**	ʤeek ʤol
fontana (f)	**фонтан**	fontan
vialetto (m)	**аллея**	alleja
parco (m)	**сейил багы**	sejil bagı
boulevard (m)	**бульвар**	bulʲvar
piazza (f)	**аянт**	ajant
viale (m), corso (m)	**проспект**	prospekt
via (f), strada (f)	**көчө**	køʧø
vicolo (m)	**чолок көчө**	ʧolok køʧø
vicolo (m) cieco	**туюк көчө**	tujuk køʧø
casa (f)	**үй**	yj
edificio (m)	**имарат**	imarat
grattacielo (m)	**көк тиреген көп кабаттуу үй**	køk tiregen køp kabattuu yj
facciata (f)	**үйдүн алды**	yjdyn aldı
tetto (m)	**чатыр**	ʧatır
finestra (f)	**терезе**	tereze
arco (m)	**түркүк**	tyrkyk
colonna (f)	**мамы**	mamı
angolo (m)	**бурч**	burʧ
vetrina (f)	**көрсөтмө айнек үкөк**	kørsøtmø ajnek ykøk
insegna (f) (di negozi, ecc.)	**көрнөк**	kørnøk

cartellone (m)	**афиша**	afiʃa
cartellone (m) pubblicitario	**көрнөк-жарнак**	kørnøk-ʤarnak
tabellone (m) pubblicitario	**жарнамалык такта**	ʤarnamalık takta
pattume (m), spazzatura (f)	**таштанды**	taʃtandı
pattumiera (f)	**таштанды челек**	taʃtandı ʧelek
sporcare (vi)	**таштоо**	taʃtoo
discarica (f) di rifiuti	**таштанды үйүлгөн жер**	taʃtandı yjylgøn ʤer
cabina (f) telefonica	**телефон будкасы**	telefon budkası
lampione (m)	**чырак мамы**	ʧırak mamı
panchina (f)	**отургуч**	oturguʧ
poliziotto (m)	**полиция кызматкери**	poliʦija kızmatkeri
polizia (f)	**полиция**	poliʦija
mendicante (m)	**кайырчы**	kajırʧı
barbone (m)	**селсаяк**	selsajak

29. Servizi cittadini

negozio (m)	**дүкөн**	dykøn
farmacia (f)	**дарыкана**	darıkana
ottica (f)	**оптика**	optika
centro (m) commerciale	**соода борбору**	sooda borboru
supermercato (m)	**супермаркет**	supermarket
panetteria (f)	**нан дүкөнү**	nan dykøny
fornaio (m)	**навайчы**	navajʧı
pasticceria (f)	**кондитердик дүкөн**	konditerdik dykøn
drogheria (f)	**азык-түлүк**	azık-tylyk
macelleria (f)	**эт дүкөнү**	et dykøny
fruttivendolo (m)	**жашылча дүкөнү**	ʤaʃılʧa dykøny
mercato (m)	**базар**	bazar
caffè (m)	**кофекана**	kofekana
ristorante (m)	**ресторан**	restoran
birreria (f), pub (m)	**сыракана**	sırakana
pizzeria (f)	**пиццерия**	piʦerija
salone (m) di parrucchiere	**чач тарач**	ʧaʧ taraʧ
ufficio (m) postale	**почта**	poʧta
lavanderia (f) a secco	**химиялык тазалоо**	χimijalık tazaloo
studio (m) fotografico	**фотоателье**	fotoatelje
negozio (m) di scarpe	**бут кийим дүкөнү**	but kijim dykøny
libreria (f)	**китеп дүкөнү**	kitep dykøny
negozio (m) sportivo	**спорт буюмдар дүкөнү**	sport bujʉmdar dykøny
riparazione (f) di abiti	**кийим ондоочу жай**	kijim ondooʧu ʤaj
noleggio (m) di abiti	**кийимди ижарага берүү**	kijimdi iʤaraga beryy
noleggio (m) di film	**тасмаларды ижарага берүү**	tasmalardı iʤaraga beryy
circo (m)	**цирк**	ʦırk

zoo (m)	**зоопарк**	zoopark
cinema (m)	**кинотеатр**	kinoteatr
museo (m)	**музей**	muzej
biblioteca (f)	**китепкана**	kitepkana
teatro (m)	**театр**	teatr
teatro (m) dell'opera	**опера**	opera
locale notturno (m)	**түнкү клуб**	tynky klub
casinò (m)	**казино**	kazino
moschea (f)	**мечит**	metʃit
sinagoga (f)	**синагога**	sinagoga
cattedrale (f)	**чоң чиркөө**	tʃoŋ tʃirkøø
tempio (m)	**ибадаткана**	ibadatkana
chiesa (f)	**чиркөө**	tʃirkøø
istituto (m)	**коллеж**	kolledʒ
università (f)	**университет**	universitet
scuola (f)	**мектеп**	mektep
prefettura (f)	**префектура**	prefektura
municipio (m)	**мэрия**	merija
albergo, hotel (m)	**мейманкана**	mejmankana
banca (f)	**банк**	bank
ambasciata (f)	**элчилик**	eltʃilik
agenzia (f) di viaggi	**турагенттиги**	turagenttigi
ufficio (m) informazioni	**маалымат бюросу**	maalımat bʉrosu
ufficio (m) dei cambi	**алмаштыруу пункту**	almaʃtıruu punktu
metropolitana (f)	**метро**	metro
ospedale (m)	**оорукана**	oorukana
distributore (m) di benzina	**май куюучу станция**	maj kujʉutʃu stantsija
parcheggio (m)	**унаа токтоочу жай**	unaa toktootʃu dʒaj

30. Cartelli

insegna (f) (di negozi, ecc.)	**көрнөк**	kørnøk
iscrizione (f)	**жазуу**	dʒazuu
cartellone (m)	**көрнөк**	kørnøk
segnale (m) di direzione	**көрсөткүч**	kørsøtkytʃ
freccia (f)	**жебе**	dʒebe
avvertimento (m)	**экертме**	ekertme
avviso (m)	**эскертүү белгиси**	eskertyy belgisi
avvertire, avvisare (vt)	**эскертүү**	eskertyy
giorno (m) di riposo	**дем алыш күн**	dem alıʃ kyn
orario (m)	**ырааттама**	ıraattama
orario (m) di apertura	**иш сааттары**	iʃ saattarı
BENVENUTI!	**КОШ КЕЛИҢИЗДЕР!**	koʃ kelinizder!
ENTRATA	**КИРҮҮ**	kiryy

USCITA	**ЧЫГУУ**	ʧıguu
SPINGERE	**ӨЗҮҢҮЗДӨН ТҮРТҮҢҮЗ**	øzyŋyzdøn tyrtyŋyz
TIRARE	**ӨЗҮҢҮЗГӨ ТАРТЫҢЫЗ**	øzyŋyzgø tartıŋız
APERTO	**АЧЫК**	aʧık
CHIUSO	**ЖАБЫК**	ʤabık
DONNE	**АЙЫМДАР ҮЧҮН**	ajımdar yʧyn
UOMINI	**ЭРКЕКТЕР ҮЧҮН**	erkekter yʧyn
SCONTI	**АРЗАНДАТУУЛАР**	arzandatuular
SALDI	**САТЫП ТҮГӨТҮҮ**	satıp tygøtyy
NOVITÀ!	**СААМАЛЫК!**	saamalık!
GRATIS	**БЕКЕР**	beker
ATTENZIONE!	**КӨҢҮЛ БУРУҢУЗ!**	køŋyl buruŋuz!
COMPLETO	**ОРУН ЖОК**	orun ʤok
RISERVATO	**КАМДЫК БУЙРУТМАЛАГАН**	kamdık bujrutmalagan
AMMINISTRAZIONE	**АДМИНИСТРАЦИЯ**	administratsija
RISERVATO AL PERSONALE	**ЖААМАТ ҮЧҮН ГАНА**	ʤaamat yʧyn gana
ATTENTI AL CANE	**КАБАНААК ИТ**	kabanaak it
VIETATO FUMARE!	**ТАМЕКИ ЧЕГҮҮГӨ БОЛБОЙТ!**	tameki ʧegyygø bolbojt!
NON TOCCARE	**КОЛУҢАР МЕНЕН КАРМАБАГЫЛА!**	koluŋar menen karmabagıla!
PERICOLOSO	**КООПТУУ**	kooptuu
PERICOLO	**КОРКУНУЧ**	korkunuʧ
ALTA TENSIONE	**ЖОГОРКУ ЧЫҢАЛУУ**	ʤogorku ʧıŋaluu
DIVIETO DI BALNEAZIONE	**СУУГА ТҮШҮҮГӨ БОЛБОЙТ**	suuga tyʃyygø bolbojt
GUASTO	**ИШТЕБЕЙТ**	iʃtebejt
INFIAMMABILE	**ӨРТ ЧЫГУУ КОРКУНУЧУ**	ørt ʧıguu korkunuʧu
VIETATO	**ТЫЮУ САЛЫНГАН**	tıjʉu salıngan
VIETATO L'INGRESSO	**ӨТҮҮГӨ БОЛБОЙТ**	øtyygø bolbojt
VERNICE FRESCA	**СЫРДАЛГАН**	sırdalgan

31. Acquisti

comprare (vt)	**сатып алуу**	satıp aluu
acquisto (m)	**сатып алуу**	satıp aluu
fare acquisti	**сатып алууга чыгуу**	satıp aluuga ʧıguu
shopping (m)	**базарчылоо**	bazarʧıloo
essere aperto (negozio)	**иштөө**	iʃtøø
essere chiuso	**жабылуу**	ʤabıluu
calzature (f pl)	**бут кийим**	but kijim
abbigliamento (m)	**кийим-кече**	kijim-keʧe
cosmetica (f)	**упа-эндик**	upa-endik

alimentari (m pl)	**азык-түлүк**	azık-tylyk
regalo (m)	**белек**	belek
commesso (m)	**сатуучу**	satuuʧu
commessa (f)	**сатуучу кыз**	satuuʧu kız
cassa (f)	**касса**	kassa
specchio (m)	**күзгү**	kyzgy
banco (m)	**прилавок**	prilavok
camerino (m)	**кийим ченөөчү бөлмө**	kijim ʧenøøʧy bølmø
provare (~ un vestito)	**кийим ченөө**	kijim ʧenøø
stare bene (vestito)	**ылайык келүү**	ılajık kelyy
piacere (vi)	**жактыруу**	ʤaktıruu
prezzo (m)	**баа**	baa
etichetta (f) del prezzo	**баа**	baa
costare (vt)	**туруу**	turuu
Quanto?	**Канча?**	kanʧa?
sconto (m)	**арзандатуу**	arzandatuu
no muy caro (agg)	**кымбат эмес**	kımbat emes
a buon mercato	**арзан**	arzan
caro (agg)	**кымбат**	kımbat
È caro	**Бул кымбат**	bul kımbat
noleggio (m)	**ижара**	iʤara
noleggiare (~ un abito)	**ижарага алуу**	iʤaraga aluu
credito (m)	**насыя**	nasıja
a credito	**насыяга алуу**	nasıjaga aluu

ABBIGLIAMENTO E ACCESSORI

32. Indumenti. Soprabiti

vestiti (m pl)	**кийим**	kijim
soprabito (m)	**үстүңкү кийим**	ystyŋky kijim
abiti (m pl) invernali	**кышкы кийим**	kıʃkı kijim
cappotto (m)	**пальто**	palʲto
pelliccia (f)	**тон**	ton
pellicciotto (m)	**чолок тон**	ʧolok ton
piumino (m)	**мамык олпок**	mamık olpok
giubbotto (m), giaccha (f)	**күрмө**	kyrmø
impermeabile (m)	**плащ**	plaʃʧ
impermeabile (agg)	**суу өткүс**	suu øtkys

33. Abbigliamento uomo e donna

camicia (f)	**көйнөк**	køjnøk
pantaloni (m pl)	**шым**	ʃım
jeans (m pl)	**джинсы**	ʤinsı
giacca (f) (~ di tweed)	**бешмант**	beʃmant
abito (m) da uomo	**костюм**	kostʉm
abito (m)	**көйнөк**	køjnøk
gonna (f)	**юбка**	jʉbka
camicetta (f)	**блузка**	bluzka
giacca (f) a maglia	**кофта**	kofta
giacca (f) tailleur	**кыска бешмант**	kıska beʃmant
maglietta (f)	**футболка**	futbolka
pantaloni (m pl) corti	**чолок шым**	ʧolok ʃım
tuta (f) sportiva	**спорт кийими**	sport kijimi
accappatoio (m)	**халат**	χalat
pigiama (m)	**пижама**	piʤama
maglione (m)	**свитер**	sviter
pullover (m)	**пуловер**	pulover
gilè (m)	**жилет**	ʤilet
frac (m)	**фрак**	frak
smoking (m)	**смокинг**	smoking
uniforme (f)	**форма**	forma
tuta (f) da lavoro	**жумуш кийим**	ʤumuʃ kijim
salopette (f)	**комбинезон**	kombinezon
camice (m) (~ del dottore)	**халат**	χalat

34. Abbigliamento. Biancheria intima

biancheria (f) intima	**ич кийим**	itʃ kijim
boxer (m pl)	**эркектер чолок дамбалы**	erkekter tʃolok dambalı
mutandina (f)	**аялдар трусиги**	ajaldar trusigi
maglietta (f) intima	**майка**	majka
calzini (m pl)	**байпак**	bajpak
camicia (f) da notte	**жатаарда кийүүчү көйнөк**	ʤataarda kijyytʃy køjnøk
reggiseno (m)	**бюстгальтер**	bʉstgalʲter
calzini (m pl) alti	**гольфы**	golʲfı
collant (m)	**колготки**	kolgotki
calze (f pl)	**байпак**	bajpak
costume (m) da bagno	**купальник**	kupalʲnik

35. Copricapo

cappello (m)	**топу**	topu
cappello (m) di feltro	**шляпа**	ʃlʲapa
cappello (m) da baseball	**бейсболка**	bejsbolka
coppola (f)	**кепка**	kepka
basco (m)	**берет**	beret
cappuccio (m)	**капюшон**	kapʉʃon
panama (m)	**панамка**	panamka
berretto (m) a maglia	**токулган шапка**	tokulgan ʃapka
fazzoletto (m) da capo	**жоолук**	ʤooluk
cappellino (m) donna	**шляпа**	ʃlʲapa
casco (m) (~ di sicurezza)	**каска**	kaska
bustina (f)	**пилотка**	pilotka
casco (m) (~ moto)	**шлем**	ʃlem
bombetta (f)	**котелок**	kotelok
cilindro (m)	**цилиндр**	tsılindr

36. Calzature

calzature (f pl)	**бут кийим**	but kijim
stivaletti (m pl)	**ботинка**	botinka
scarpe (f pl)	**туфли**	tufli
stivali (m pl)	**өтүк**	øtyk
pantofole (f pl)	**тапочка**	tapotʃka
scarpe (f pl) da tennis	**кроссовка**	krossovka
scarpe (f pl) da ginnastica	**кеды**	kedı
sandali (m pl)	**сандалии**	sandalii
calzolaio (m)	**өтүкчү**	øtyktʃy
tacco (m)	**така**	taka

paio (m)	**түгөй**	tygøj
laccio (m)	**боо**	boo
allacciare (vt)	**боолоо**	booloo
calzascarpe (m)	**кашык**	kaʃık
lucido (m) per le scarpe	**өтүк май**	øtyk maj

37. Accessori personali

guanti (m pl)	**колкап**	kolkap
manopole (f pl)	**мээлей**	meelej
sciarpa (f)	**моюн орогуч**	mojʉn oroguʧ
occhiali (m pl)	**көз айнек**	køz ajnek
montatura (f)	**алкак**	alkak
ombrello (m)	**чатырча**	ʧatırʧa
bastone (m)	**аса таяк**	asa tajak
spazzola (f) per capelli	**тарак**	tarak
ventaglio (m)	**желпингич**	ʤelpingiʧ
cravatta (f)	**галстук**	galstuk
cravatta (f) a farfalla	**галстук-бабочка**	galstuk-baboʧka
bretelle (f pl)	**шым тарткыч**	ʃım tartkıʧ
fazzoletto (m)	**бетаарчы**	betaarʧı
pettine (m)	**тарак**	tarak
fermaglio (m)	**чачсайгы**	ʧaʧsajgı
forcina (f)	**шпилька**	ʃpilʲka
fibbia (f)	**таралга**	taralga
cintura (f)	**кайыш кур**	kajıʃ kur
spallina (f)	**илгич**	ilgiʧ
borsa (f)	**колбаштык**	kolbaʃtık
borsetta (f)	**кичине колбаштык**	kiʧine kolbaʃtık
zaino (m)	**жонбаштык**	ʤonbaʃtık

38. Abbigliamento. Varie

moda (f)	**мода**	moda
di moda	**саркеч**	sarkeʧ
stilista (m)	**модельер**	modeljer
collo (m)	**жака**	ʤaka
tasca (f)	**чөнтөк**	ʧøntøk
tascabile (agg)	**чөнтөк**	ʧøntøk
manica (f)	**жең**	ʤeŋ
asola (f) per appendere	**илгич**	ilgiʧ
patta (f) (~ dei pantaloni)	**ширинка**	ʃirinka
cerniera (f) lampo	**молния**	molnija
chiusura (f)	**топчулук**	topʧuluk
bottone (m)	**топчу**	topʧu

occhiello (m)	**илмек**	ilmek
staccarsi (un bottone)	**үзүлүү**	yzylyy
cucire (vi, vt)	**тигүү**	tigyy
ricamare (vi, vt)	**сайма саюу**	sajma sajʉu
ricamo (m)	**сайма**	sajma
ago (m)	**ийне**	ijne
filo (m)	**жип**	ʤip
cucitura (f)	**тигиш**	tigiʃ
sporcarsi (vr)	**булгап алуу**	bulgap aluu
macchia (f)	**так**	tak
sgualcirsi (vr)	**бырышып калуу**	bırıʃıp kaluu
strappare (vt)	**айрылуу**	ajrıluu
tarma (f)	**күбө**	kybø

39. Cura della persona. Cosmetici

dentifricio (m)	**тиш пастасы**	tiʃ pastası
spazzolino (m) da denti	**тиш щёткасы**	tiʃ ʃʧʲotkası
lavarsi i denti	**тиш жуу**	tiʃ ʤuu
rasoio (m)	**устара**	ustara
crema (f) da barba	**кырынуу үчүн көбүк**	kırınuu yʧyn købyk
rasarsi (vr)	**кырынуу**	kırınuu
sapone (m)	**самын**	samın
shampoo (m)	**шампунь**	ʃampunʲ
forbici (f pl)	**кайчы**	kajʧı
limetta (f)	**тырмак өгөө**	tırmak øgøø
tagliaunghie (m)	**тырмак кычкачы**	tırmak kıʧkaʧı
pinzette (f pl)	**искек**	iskek
cosmetica (f)	**упа-эндик**	upa-endik
maschera (f) di bellezza	**маска**	maska
manicure (m)	**маникюр**	manikʉr
fare la manicure	**маникюр жасоо**	manikʤʉr ʤasoo
pedicure (m)	**педикюр**	pedikʉr
borsa (f) del trucco	**косметичка**	kosmetiʧka
cipria (f)	**упа**	upa
portacipria (m)	**упа кутусу**	upa kutusu
fard (m)	**эндик**	endik
profumo (m)	**атыр**	atır
acqua (f) da toeletta	**туалет атыр суусу**	tualet atır suusu
lozione (f)	**лосьон**	losʲon
acqua (f) di Colonia	**одеколон**	odekolon
ombretto (m)	**көз боёгу**	køz bojogu
eyeliner (m)	**көз карандашы**	køz karandaʃı
mascara (m)	**кирпик үчүн боек**	kirpik yʧyn boek
rossetto (m)	**эрин помадасы**	erin pomadası

smalto (m)	**тырмак үчүн лак**	tırmak ytʃyn lak
lacca (f) per capelli	**чач үчүн лак**	tʃatʃ ytʃyn lak
deodorante (m)	**дезодорант**	dezodorant
crema (f)	**крем**	krem
crema (f) per il viso	**бетмай**	betmaj
crema (f) per le mani	**кол үчүн май**	kol ytʃyn maj
crema (f) antirughe	**бырыштарга каршы бет май**	bırıʃtarga karʃı bet maj
crema (f) da giorno	**күндүзгү бет май**	kyndyzgy bet maj
crema (f) da notte	**түнкү бет май**	tynky bet maj
da giorno	**күндүзгү**	kyndyzgy
da notte	**түнкү**	tynky
tampone (m)	**тампон**	tampon
carta (f) igienica	**даарат кагазы**	daarat kagazı
fon (m)	**фен**	fen

40. Orologi da polso. Orologio

orologio (m) (~ da polso)	**кол саат**	kol saat
quadrante (m)	**циферблат**	tsıferblat
lancetta (f)	**жебе**	dʒebe
braccialetto (m)	**браслет**	braslet
cinturino (m)	**кайыш кур**	kajıʃ kur
pila (f)	**батарейка**	batarejka
essere scarico	**зарядканын түгөнүүсү**	zarʲadkanın tygønyysy
cambiare la pila	**батарейка алмаштыруу**	batarejka almaʃtıruu
andare avanti	**алдыга кетүү**	aldıga ketyy
andare indietro	**калуу**	kaluu
orologio (m) da muro	**дубалга тагуучу саат**	dubalga taguutʃu saat
clessidra (f)	**кум саат**	kum saat
orologio (m) solare	**күн саат**	kyn saat
sveglia (f)	**ойготкуч саат**	ojgotkutʃ saat
orologiaio (m)	**саат устасы**	saat ustası
riparare (vt)	**оңдоо**	oŋdoo

L'ESPERIENZA QUOTIDIANA

41. Denaro

soldi (m pl)	**акча**	akʧa
cambio (m)	**алмаштыруу**	almaʃtıruu
corso (m) di cambio	**курс**	kurs
bancomat (m)	**банкомат**	bankomat
moneta (f)	**тыйын**	tıjın
dollaro (m)	**доллар**	dollar
euro (m)	**евро**	evro
lira (f)	**италиялык лира**	italijalık lira
marco (m)	**немис маркасы**	nemis markası
franco (m)	**франк**	frank
sterlina (f)	**фунт стерлинг**	funt sterling
yen (m)	**йена**	jena
debito (m)	**карыз**	karız
debitore (m)	**карыздар**	karızdar
prestare (~ i soldi)	**карызга берүү**	karızga beryy
prendere in prestito	**карызга алуу**	karızga aluu
banca (f)	**банк**	bank
conto (m)	**эсеп**	esep
versare (vt)	**салуу**	saluu
versare sul conto	**эсепке акча салуу**	esepke akʧa saluu
prelevare dal conto	**эсептен акча чыгаруу**	esepten akʧa ʧıgaruu
carta (f) di credito	**насыя картасы**	nasıja kartası
contanti (m pl)	**накталай акча**	naktalaj akʧa
assegno (m)	**чек**	ʧek
emettere un assegno	**чек жазып берүү**	ʧek ʤazıp beryy
libretto (m) di assegni	**чек китепчеси**	ʧek kitepʧesi
portafoglio (m)	**намыян**	namıjan
borsellino (m)	**капчык**	kapʧık
cassaforte (f)	**сейф**	sejf
erede (m)	**мураскер**	murasker
eredità (f)	**мурас**	muras
fortuna (f)	**мүлк**	mylk
affitto (m), locazione (f)	**ижара**	iʤara
canone (m) d'affitto	**батир акысы**	batir akısı
affittare (dare in affitto)	**батирге алуу**	batirge aluu
prezzo (m)	**баа**	baa
costo (m)	**баа**	baa

somma (f)	**сумма**	summa
spendere (vt)	**коротуу**	korotuu
spese (f pl)	**чыгым**	ʧıgım
economizzare (vi, vt)	**үнөмдөө**	ynømdøø
economico (agg)	**сарамжал**	saramʤal
pagare (vi, vt)	**төлөө**	tøløø
pagamento (m)	**акы төлөө**	akı tøløø
resto (m) (dare il ~)	**кайтарылган майда акча**	kajtarılgan majda akʧa
imposta (f)	**салык**	salık
multa (f), ammenda (f)	**айып**	ajıp
multare (vt)	**айып пул салуу**	ajıp pul saluu

42. Posta. Servizio postale

ufficio (m) postale	**почта**	poʧta
posta (f) (lettere, ecc.)	**почта**	poʧta
postino (m)	**кат ташуучу**	kat taʃuuʧu
orario (m) di apertura	**иш сааттары**	iʃ saattarı
lettera (f)	**кат**	kat
raccomandata (f)	**тапшырык кат**	tapʃırık kat
cartolina (f)	**открытка**	otkrıtka
telegramma (m)	**телеграмма**	telegramma
pacco (m) postale	**посылка**	posılka
vaglia (m) postale	**акча которуу**	akʧa kotoruu
ricevere (vt)	**алуу**	aluu
spedire (vt)	**жөнөтүү**	ʤønøtyy
invio (m)	**жөнөтүү**	ʤønøtyy
indirizzo (m)	**дарек**	darek
codice (m) postale	**индекс**	indeks
mittente (m)	**жөнөтүүчү**	ʤønøtyyʧy
destinatario (m)	**алуучу**	aluuʧu
nome (m)	**аты**	atı
cognome (m)	**фамилиясы**	familijası
tariffa (f)	**тариф**	tarif
ordinario (agg)	**жөнөкөй**	ʤønøkøj
standard (agg)	**үнөмдүү**	ynømdyy
peso (m)	**салмак**	salmak
pesare (vt)	**таразалоо**	tarazaloo
busta (f)	**конверт**	konvert
francobollo (m)	**марка**	marka
affrancare (vt)	**марка жабыштыруу**	marka ʤabıʃtıruu

43. Attività bancaria

banca (f)	**банк**	bank
filiale (f)	**бөлүм**	bølym

consulente (m)	**кеңешчи**	keŋeʃtʃi
direttore (m)	**башкаруучу**	baʃkaruutʃu
conto (m) bancario	**эсеп**	esep
numero (m) del conto	**эсеп номери**	esep nomeri
conto (m) corrente	**учурдагы эсеп**	utʃurdagı esep
conto (m) di risparmio	**топтолмо эсеп**	toptolmo esep
aprire un conto	**эсеп ачуу**	esep atʃuu
chiudere il conto	**эсеп жабуу**	esep dʒabuu
versare sul conto	**эсепке акча салуу**	esepke aktʃa saluu
prelevare dal conto	**эсептен акча чыгаруу**	esepten aktʃa tʃıgaruu
deposito (m)	**аманат**	amanat
depositare (vt)	**аманат кылуу**	amanat kıluu
trasferimento (m) telegrafico	**акча которуу**	aktʃa kotoruu
rimettere i soldi	**акча которуу**	aktʃa kotoruu
somma (f)	**сумма**	summa
Quanto?	**Канча?**	kantʃa?
firma (f)	**кол тамга**	kol tamga
firmare (vt)	**кол коюу**	kol kojʉu
carta (f) di credito	**насыя картасы**	nasıja kartası
codice (m)	**код**	kod
numero (m) della carta di credito	**насыя картанын номери**	nasıja kartanın nomeri
bancomat (m)	**банкомат**	bankomat
assegno (m)	**чек**	tʃek
emettere un assegno	**чек жазып берүү**	tʃek dʒazıp beryy
libretto (m) di assegni	**чек китепчеси**	tʃek kiteptʃesi
prestito (m)	**насыя**	nasıja
fare domanda per un prestito	**насыя үчүн кайрылуу**	nasıja ytʃyn kajrıluu
ottenere un prestito	**насыя алуу**	nasıja aluu
concedere un prestito	**насыя берүү**	nasıja beryy
garanzia (f)	**кепилдик**	kepildik

44. Telefono. Conversazione telefonica

telefono (m)	**телефон**	telefon
telefonino (m)	**мобилдик**	mobildik
segreteria (f) telefonica	**автоматтык жооп берүүчү**	avtomattık dʒoop beryytʃy
telefonare (vi, vt)	**чалуу**	tʃaluu
chiamata (f)	**чакыруу**	tʃakıruu
comporre un numero	**номер терүү**	nomer teryy
Pronto!	**Алло!**	allo!
chiedere (domandare)	**суроо**	suroo
rispondere (vi, vt)	**жооп берүү**	dʒoop beryy
udire (vt)	**угуу**	uguu

bene	**жакшы**	ʤakʃı
male	**жаман**	ʤaman
disturbi (m pl)	**ызы-чуу**	ızı-ʧuu
cornetta (f)	**трубка**	trubka
alzare la cornetta	**трубканы алуу**	trubkanı aluu
riattaccare la cornetta	**трубканы коюу**	trubkanı kojʉu
occupato (agg)	**бош эмес**	boʃ emes
squillare (del telefono)	**шыңгыроо**	ʃıŋgıroo
elenco (m) telefonico	**телефондук китепче**	telefonduk kiteptʃe
locale (agg)	**жергиликтүү**	ʤergiliktyy
telefonata (f) urbana	**жергиликтүү чакыруу**	ʤergiliktyy ʧakıruu
interurbano (agg)	**шаар аралык**	ʃaar aralık
telefonata (f) interurbana	**шаар аралык чакыруу**	ʃaar aralık ʧakıruu
internazionale (agg)	**эл аралык**	el aralık
telefonata (f) internazionale	**эл аралык чакыруу**	el aralık ʧakıruu

45. Telefono cellulare

telefonino (m)	**мобилдик**	mobildik
schermo (m)	**дисплей**	displej
tasto (m)	**баскыч**	baskıʧ
scheda SIM (f)	**SIM-карта**	sim-karta
pila (f)	**батарея**	batareja
essere scarico	**зарядканын түгөнүүсү**	zarʲadkanın tygønyysy
caricabatteria (m)	**заряддоочу шайман**	zarʲaddooʧu ʃajman
menù (m)	**меню**	menʉ
impostazioni (f pl)	**орнотуулар**	ornotuular
melodia (f)	**обон**	obon
scegliere (vt)	**тандоо**	tandoo
calcolatrice (f)	**калькулятор**	kalʲkulʲator
segreteria (f) telefonica	**автоматтык жооп бергич**	avtomattık ʤoop bergiʧ
sveglia (f)	**ойготкуч**	ojgotkuʧ
contatti (m pl)	**байланыштар**	bajlanıʃtar
messaggio (m) SMS	**SMS-кабар**	esemes-kabar
abbonato (m)	**абонент**	abonent

46. Articoli di cancelleria

penna (f) a sfera	**калем сап**	kalem sap
penna (f) stilografica	**калем уч**	kalem uʧ
matita (f)	**карандаш**	karandaʃ
evidenziatore (m)	**маркер**	marker
pennarello (m)	**фломастер**	flomaster
taccuino (m)	**дептерче**	deptertʃe

agenda (f)	**күндөлүк**	kyndølyk
righello (m)	**сызгыч**	sızgıʧ
calcolatrice (f)	**калькулятор**	kalʲkulʲator
gomma (f) per cancellare	**өчүргүч**	øʧyrgyʧ
puntina (f)	**кнопка**	knopka
graffetta (f)	**кыскыч**	kıskıʧ
colla (f)	**желим**	ʤelim
pinzatrice (f)	**степлер**	stepler
perforatrice (f)	**тешкич**	teʃkiʧ
temperamatite (m)	**учтагыч**	uʧtagıʧ

47. Lingue straniere

lingua (f)	**тил**	til
straniero (agg)	**чет**	ʧet
lingua (f) straniera	**чет тил**	ʧet til
studiare (vt)	**окуу**	okuu
imparare (una lingua)	**үйрөнүү**	yjrønyy
leggere (vi, vt)	**окуу**	okuu
parlare (vi, vt)	**сүйлөө**	syjløø
capire (vt)	**түшүнүү**	tyʃynyy
scrivere (vi, vt)	**жазуу**	ʤazuu
rapidamente	**тез**	tez
lentamente	**жай**	ʤaj
correntemente	**эркин**	erkin
regole (f pl)	**эрежелер**	ereʤeler
grammatica (f)	**грамматика**	grammatika
lessico (m)	**лексика**	leksika
fonetica (f)	**фонетика**	fonetika
manuale (m)	**китеп**	kitep
dizionario (m)	**сөздүк**	søzdyk
manuale (m) autodidattico	**өзү үйрөткүч**	øzy yjrøtkyʧ
frasario (m)	**тилачар**	tilaʧar
cassetta (f)	**кассета**	kasseta
videocassetta (f)	**видеокассета**	videokasseta
CD (m)	**CD, компакт-диск**	sidi, kompakt-disk
DVD (m)	**DVD-диск**	dividi-disk
alfabeto (m)	**алфавит**	alfavit
compitare (vt)	**эжелеп айтуу**	eʤelep ajtuu
pronuncia (f)	**айтылышы**	ajtılıʃı
accento (m)	**акцент**	aktsent
con un accento	**акцент менен**	aktsent menen
senza accento	**акцентсиз**	aktsentsiz
vocabolo (m)	**сөз**	søz
significato (m)	**маани**	maani

corso (m) (~ di francese)	**курстар**	kurstar
iscriversi (vr)	**курска жазылуу**	kurska ʤazıluu
insegnante (m, f)	**окутуучу**	okutuuʧu
traduzione (f) (fare una ~)	**которуу**	kotoruu
traduzione (f) (un testo)	**котормо**	kotormo
traduttore (m)	**котормочу**	kotormoʧu
interprete (m)	**оозеки котормочу**	oozeki kotormoʧu
poliglotta (m)	**полиглот**	poliglot
memoria (f)	**эс тутум**	es tutum

PASTI. RISTORANTE

48. Preparazione della tavola

cucchiaio (m)	**кашык**	kaʃık
coltello (m)	**бычак**	bıʧak
forchetta (f)	**вилка**	vilka
tazza (f)	**чөйчөк**	ʧøjʧøk
piatto (m)	**табак**	tabak
piattino (m)	**табак**	tabak
tovagliolo (m)	**майлык**	majlık
stuzzicadenti (m)	**тиш чукугуч**	tiʃ ʧukuguʧ

49. Ristorante

ristorante (m)	**ресторан**	restoran
caffè (m)	**кофекана**	kofekana
pub (m), bar (m)	**бар**	bar
sala (f) da tè	**чай салону**	ʧaj salonu
cameriere (m)	**официант**	ofitsiant
cameriera (f)	**официант кыз**	ofitsiant kız
barista (m)	**бармен**	barmen
menù (m)	**меню**	menʉ
lista (f) dei vini	**шарап картасы**	ʃarap kartası
prenotare un tavolo	**столду камдык буйрутмалоо**	stoldu kamdık bujrutmaloo
piatto (m)	**тамак**	tamak
ordinare (~ il pranzo)	**буйрутма кылуу**	bujrutma kıluu
fare un'ordinazione	**буйрутма берүү**	bujrutma beryy
aperitivo (m)	**аперитив**	aperitiv
antipasto (m)	**ысылык**	ısılık
dolce (m)	**десерт**	desert
conto (m)	**эсеп**	esep
pagare il conto	**эсеп төлөө**	esep tøløø
dare il resto	**майда акчаны кайтаруу**	majda akʧanı kajtaruu
mancia (f)	**чайпул**	ʧajpul

50. Pasti

cibo (m)	**тамак**	tamak
mangiare (vi, vt)	**тамактануу**	tamaktanuu

colazione (f)	**таңкы тамак**	taŋkı tamak
fare colazione	**эртең менен тамактануу**	erteŋ menen tamaktanuu
pranzo (m)	**түшкү тамак**	tyʃky tamak
pranzare (vi)	**түштөнүү**	tyʃtønyy
cena (f)	**кечки тамак**	keʧki tamak
cenare (vi)	**кечки тамакты ичүү**	keʧki tamaktı iʧyy
appetito (m)	**табит**	tabit
Buon appetito!	**Тамагыңыз таттуу болсун!**	tamagıŋız tattuu bolsun!
aprire (vt)	**ачуу**	aʧuu
rovesciare (~ il vino, ecc.)	**төгүп алуу**	tøgyp aluu
rovesciarsi (vr)	**төгүлүү**	tøgylyy
bollire (vi)	**кайноо**	kajnoo
far bollire	**кайнатуу**	kajnatuu
bollito (agg)	**кайнатылган**	kajnatılgan
raffreddare (vt)	**суутуу**	suutuu
raffreddarsi (vr)	**сууп туруу**	suup turuu
gusto (m)	**даам**	daam
retrogusto (m)	**даамдануу**	daamdanuu
essere a dieta	**арыктоо**	arıktoo
dieta (f)	**мүнөз тамак**	mynøz tamak
vitamina (f)	**витамин**	vitamin
caloria (f)	**калория**	kalorija
vegetariano (m)	**эттен чанган**	etten ʧangan
vegetariano (agg)	**этсиз даярдалган**	etsiz dajardalgan
grassi (m pl)	**майлар**	majlar
proteine (f pl)	**белоктор**	beloktor
carboidrati (m pl)	**көмүрсуулар**	kømyrsuular
fetta (f), fettina (f)	**кесим**	kesim
pezzo (m) (~ di torta)	**бөлүк**	bølyk
briciola (f) (~ di pane)	**күкүм**	kykym

51. Pietanze cucinate

piatto (m) (~ principale)	**тамак**	tamak
cucina (f)	**даам**	daam
ricetta (f)	**тамак жасоо ыкмасы**	tamak ʤasoo ıkması
porzione (f)	**порция**	portsija
insalata (f)	**салат**	salat
minestra (f)	**сорпо**	sorpo
brodo (m)	**ынак сорпо**	ınak sorpo
panino (m)	**бутерброд**	buterbrod
uova (f pl) al tegamino	**куурулган жумуртка**	kuurulgan ʤumurtka
hamburger (m)	**гамбургер**	gamburger
bistecca (f)	**бифштекс**	bifʃteks

contorno (m)	**гарнир**	garnir
spaghetti (m pl)	**спагетти**	spagetti
purè (m) di patate	**эзилген картошка**	ezilgen kartoʃka
pizza (f)	**пицца**	pit͡sa
porridge (m)	**ботко**	botko
frittata (f)	**омлет**	omlet
bollito (agg)	**суурга бышырылган**	suuga bıʃırılgan
affumicato (agg)	**ышталган**	ıʃtalgan
fritto (agg)	**куурулган**	kuurulgan
secco (agg)	**кургатылган**	kurgatılgan
congelato (agg)	**тоңдурулган**	toŋdurulgan
sottoaceto (agg)	**маринаддагы**	marinaddagı
dolce (gusto)	**таттуу**	tattuu
salato (agg)	**туздуу**	tuzduu
freddo (agg)	**муздак**	muzdak
caldo (agg)	**ысык**	ısık
amaro (agg)	**ачуу**	atʃuu
buono, gustoso (agg)	**даамдуу**	daamduu
cuocere, preparare (vt)	**кайнатуу**	kajnatuu
cucinare (vi)	**тамак бышыруу**	tamak bıʃıruu
friggere (vt)	**кууруу**	kuuruu
riscaldare (vt)	**жылытуу**	dʒılıtuu
salare (vt)	**туздоо**	tuzdoo
pepare (vt)	**калемпир кошуу**	kalempir koʃuu
grattugiare (vt)	**сүргүлөө**	syrgyløø
buccia (f)	**сырты**	sırtı
sbucciare (vt)	**тазалоо**	tazaloo

52. Cibo

carne (f)	**эт**	et
pollo (m)	**тоок**	took
pollo (m) novello	**балапан**	balapan
anatra (f)	**өрдөк**	ørdøk
oca (f)	**каз**	kaz
cacciagione (f)	**илбээсин**	ilbeesin
tacchino (m)	**күрп**	kyrp
maiale (m)	**чочко эти**	tʃotʃko eti
vitello (m)	**торпок эти**	torpok eti
agnello (m)	**кой эти**	koj eti
manzo (m)	**уй эти**	uj eti
coniglio (m)	**коен**	koen
salame (m)	**колбаса**	kolbasa
w?rstel (m)	**сосиска**	sosiska
pancetta (f)	**бекон**	bekon
prosciutto (m)	**ветчина**	vettʃina
prosciutto (m) affumicato	**сан эт**	san et
pâté (m)	**паштет**	paʃtet

fegato (m)	**боор**	boor
carne (f) trita	**фарш**	farʃ
lingua (f)	**тил**	til
uovo (m)	**жумуртка**	ʤumurtka
uova (f pl)	**жумурткалар**	ʤumurtkalar
albume (m)	**жумуртканын агы**	ʤumurtkanın agı
tuorlo (m)	**жумуртканын сарысы**	ʤumurtkanın sarısı
pesce (m)	**балык**	balık
frutti (m pl) di mare	**деңиз азыктары**	deŋiz azıktarı
crostacei (m pl)	**рак сыяктуулар**	rak sıjaktuular
caviale (m)	**урук**	uruk
granchio (m)	**краб**	krab
gamberetto (m)	**креветка**	krevetka
ostrica (f)	**устрица**	ustriʦa
aragosta (f)	**лангуст**	langust
polpo (m)	**сегиз бут**	segiz but
calamaro (m)	**кальмар**	kalʲmar
storione (m)	**осетрина**	osetrina
salmone (m)	**лосось**	lososʲ
ippoglosso (m)	**палтус**	paltus
merluzzo (m)	**треска**	treska
scombro (m)	**скумбрия**	skumbrija
tonno (m)	**тунец**	tuneʦ
anguilla (f)	**угорь**	ugorʲ
trota (f)	**форель**	forelʲ
sardina (f)	**сардина**	sardina
luccio (m)	**чортон**	ʧorton
aringa (f)	**сельдь**	selʲdʲ
pane (m)	**нан**	nan
formaggio (m)	**сыр**	sır
zucchero (m)	**кум шекер**	kum-ʃeker
sale (m)	**туз**	tuz
riso (m)	**күрүч**	kyryʧ
pasta (f)	**макарон**	makaron
tagliatelle (f pl)	**кесме**	kesme
burro (m)	**ак май**	ak maj
olio (m) vegetale	**өсүмдүк майы**	øsymdyk majı
olio (m) di girasole	**күн карама майы**	kyn karama majı
margarina (f)	**маргарин**	margarin
olive (f pl)	**зайтун**	zajtun
olio (m) d'oliva	**зайтун майы**	zajtun majı
latte (m)	**сүт**	syt
latte (m) condensato	**коютулган сүт**	kojʉtulgan syt
yogurt (m)	**йогурт**	jogurt
panna (f) acida	**сметана**	smetana

panna (f)	**каймак**	kajmak
maionese (m)	**майонез**	majonez
crema (f)	**крем**	krem
cereali (m pl)	**акшак**	akʃak
farina (f)	**ун**	un
cibi (m pl) in scatola	**консерва**	konserva
fiocchi (m pl) di mais	**жарылган жүгөрү**	ʤarılgan ʤygøry
miele (m)	**бал**	bal
marmellata (f)	**джем, конфитюр**	ʤem, konfitʉr
gomma (f) da masticare	**сагыз**	sagız

53. Bevande

acqua (f)	**суу**	suu
acqua (f) potabile	**ичүүчү суу**	iʧyyʧy suu
acqua (f) minerale	**минерал суусу**	mineral suusu
liscia (non gassata)	**газсыз**	gazsız
gassata (agg)	**газдалган**	gazdalgan
frizzante (agg)	**газы менен**	gazı menen
ghiaccio (m)	**муз**	muz
con ghiaccio	**музу менен**	muzu menen
analcolico (agg)	**алкоголсуз**	alkogolsuz
bevanda (f) analcolica	**алкоголсуз ичимдик**	alkogolsuz iʧimdik
bibita (f)	**суусундук**	suusunduk
limonata (f)	**лимонад**	limonad
bevande (f pl) alcoliche	**спирт ичимдиктери**	spirt iʧimdikteri
vino (m)	**шарап**	ʃarap
vino (m) bianco	**ак шарап**	ak ʃarap
vino (m) rosso	**кызыл шарап**	kızıl ʃarap
liquore (m)	**ликёр**	likʲor
champagne (m)	**шампан**	ʃampan
vermouth (m)	**вермут**	vermut
whisky	**виски**	viski
vodka (f)	**арак**	arak
gin (m)	**джин**	ʤin
cognac (m)	**коньяк**	konjak
rum (m)	**ром**	rom
caffè (m)	**кофе**	kofe
caffè (m) nero	**кара кофе**	kara kofe
caffè latte (m)	**сүттөлгөн кофе**	syttølgøn kofe
cappuccino (m)	**капучино**	kaputʃino
caffè (m) solubile	**эрүүчү кофе**	eryyʧy kofe
latte (m)	**сүт**	syt
cocktail (m)	**коктейль**	koktejlʲ
frullato (m)	**сүт коктейли**	syt koktejli

succo (m)	**шире**	ʃire
succo (m) di pomodoro	**томат ширеси**	tomat ʃiresi
succo (m) d'arancia	**апельсин ширеси**	apelʲsin ʃiresi
spremuta (f)	**түз сыгылып алынган шире**	tyz sıgılıp alıngan ʃire
birra (f)	**сыра**	sıra
birra (f) chiara	**ачык сыра**	atʃık sıra
birra (f) scura	**коңур сыра**	koŋur sıra
tè (m)	**чай**	tʃaj
tè (m) nero	**кара чай**	kara tʃaj
tè (m) verde	**жашыл чай**	dʒaʃıl tʃaj

54. Verdure

ortaggi (m pl)	**жашылча**	dʒaʃıltʃa
verdura (f)	**көк чөп**	køk tʃøp
pomodoro (m)	**помидор**	pomidor
cetriolo (m)	**бадыраң**	badıraŋ
carota (f)	**сабиз**	sabiz
patata (f)	**картошка**	kartoʃka
cipolla (f)	**пияз**	pijaz
aglio (m)	**сарымсак**	sarımsak
cavolo (m)	**капуста**	kapusta
cavolfiore (m)	**гүлдүү капуста**	gyldyy kapusta
cavoletti (m pl) di Bruxelles	**брюссель капустасы**	brussel|ʲ kapustası
broccolo (m)	**брокколи капустасы**	brokkoli kapustası
barbabietola (f)	**кызылча**	kızıltʃa
melanzana (f)	**баклажан**	bakladʒan
zucchina (f)	**кабачок**	kabatʃok
zucca (f)	**ашкабак**	aʃkabak
rapa (f)	**шалгам**	ʃalgam
prezzemolo (m)	**петрушка**	petruʃka
aneto (m)	**укроп**	ukrop
lattuga (f)	**салат**	salat
sedano (m)	**сельдерей**	selʲderej
asparago (m)	**спаржа**	spardʒa
spinaci (m pl)	**шпинат**	ʃpinat
pisello (m)	**нокот**	nokot
fave (f pl)	**буурчак**	buurtʃak
mais (m)	**жүгөрү**	dʒygøry
fagiolo (m)	**төө буурчак**	tøø buurtʃak
peperone (m)	**таттуу перец**	tattuu perets
ravanello (m)	**шалгам**	ʃalgam
carciofo (m)	**артишок**	artiʃok

55. Frutta. Noci

frutto (m)	**мөмө**	mømø
mela (f)	**алма**	alma
pera (f)	**алмурут**	almurut
limone (m)	**лимон**	limon
arancia (f)	**апельсин**	apelʲsin
fragola (f)	**кулпунай**	kulpunaj
mandarino (m)	**мандарин**	mandarin
prugna (f)	**кара өрүк**	kara øryk
pesca (f)	**шабдаалы**	ʃabdaalı
albicocca (f)	**өрүк**	øryk
lampone (m)	**дан куурай**	dan kuuraj
ananas (m)	**ананас**	ananas
banana (f)	**банан**	banan
anguria (f)	**арбуз**	arbuz
uva (f)	**жүзүм**	ʤyzym
amarena (f)	**алча**	alʧa
ciliegia (f)	**гилас**	gilas
melone (m)	**коон**	koon
pompelmo (m)	**грейпфрут**	grejpfrut
avocado (m)	**авокадо**	avokado
papaia (f)	**папайя**	papaja
mango (m)	**манго**	mango
melagrana (f)	**анар**	anar
ribes (m) rosso	**кызыл карагат**	kızıl karagat
ribes (m) nero	**кара карагат**	kara karagat
uva (f) spina	**крыжовник**	krıʤovnik
mirtillo (m)	**кара моюл**	kara mojʉl
mora (f)	**кара бүлдүркөн**	kara byldyrkøn
uvetta (f)	**мейиз**	mejiz
fico (m)	**анжир**	anʤir
dattero (m)	**курма**	kurma
arachide (f)	**арахис**	araχis
mandorla (f)	**бадам**	badam
noce (f)	**жаңгак**	ʤaŋgak
nocciola (f)	**токой жаңгагы**	tokoj ʤaŋgagı
noce (f) di cocco	**кокос жаңгагы**	kokos ʤaŋgagı
pistacchi (m pl)	**мисте**	miste

56. Pane. Dolci

pasticceria (f)	**кондитер азыктары**	konditer azıktarı
pane (m)	**нан**	nan
biscotti (m pl)	**печенье**	peʧenje
cioccolato (m)	**шоколад**	ʃokolad
al cioccolato (agg)	**шоколаддан**	ʃokoladdan

caramella (f)	**конфета**	konfeta
tortina (f)	**пирожное**	pirodʒnoe
torta (f)	**торт**	tort
crostata (f)	**пирог**	pirog
ripieno (m)	**начинка**	natʃinka
marmellata (f)	**кыям**	kıjam
marmellata (f) di agrumi	**мармелад**	marmelad
wafer (m)	**вафли**	vafli
gelato (m)	**бал муздак**	bal muzdak
budino (m)	**пудинг**	puding

57. Spezie

sale (m)	**туз**	tuz
salato (agg)	**туздуу**	tuzduu
salare (vt)	**туздоо**	tuzdoo
pepe (m) nero	**кара мурч**	kara murtʃ
peperoncino (m)	**кызыл калемпир**	kızıl kalempir
senape (f)	**горчица**	gortʃitsa
cren (m)	**хрен**	χren
condimento (m)	**татымал**	tatımal
spezie (f pl)	**татымал**	tatımal
salsa (f)	**соус**	sous
aceto (m)	**уксус**	uksus
anice (m)	**анис**	anis
basilico (m)	**райхон**	rajχon
chiodi (m pl) di garofano	**гвоздика**	gvozdika
zenzero (m)	**имбирь**	imbirʲ
coriandolo (m)	**кориандр**	koriandr
cannella (f)	**корица**	koritsa
sesamo (m)	**кунжут**	kundʒut
alloro (m)	**лавр жалбырагы**	lavr dʒalbıragı
paprica (f)	**паприка**	paprika
cumino (m)	**зира**	zira
zafferano (m)	**заапаран**	zaaparan

INFORMAZIONI PERSONALI. FAMIGLIA

58. Informazioni personali. Moduli

nome (m)	**аты**	atı
cognome (m)	**фамилиясы**	familijası
data (f) di nascita	**төрөлгөн күнү**	tørølgøn kyny
luogo (m) di nascita	**туулган жери**	tuulgan ʤeri
nazionalità (f)	**улуту**	ulutu
domicilio (m)	**жашаган жери**	ʤaʃagan ʤeri
paese (m)	**өлкө**	ølkø
professione (f)	**кесиби**	kesibi
sesso (m)	**жынысы**	ʤınısı
statura (f)	**бою**	boju
peso (m)	**салмак**	salmak

59. Membri della famiglia. Parenti

madre (f)	**эне**	ene
padre (m)	**ата**	ata
figlio (m)	**уул**	uul
figlia (f)	**кыз**	kız
figlia (f) minore	**кичүү кыз**	kiʧyy kız
figlio (m) minore	**кичүү уул**	kiʧyy uul
figlia (f) maggiore	**улуу кыз**	uluu kız
figlio (m) maggiore	**улуу уул**	uluu uul
fratello (m)	**бир тууган**	bir tuugan
fratello (m) maggiore	**байке**	bajke
fratello (m) minore	**ини**	ini
sorella (f)	**бир тууган**	bir tuugan
sorella (f) maggiore	**эже**	eʤe
sorella (f) minore	**синди**	siŋdi
cugino (m)	**атасы же энеси бир тууган**	atası ʤe enesi bir tuugan
cugina (f)	**атасы же энеси бир тууган**	atası ʤe enesi bir tuugan
mamma (f)	**апа**	apa
papà (m)	**ата**	ata
genitori (m pl)	**ата-эне**	ata-ene
bambino (m)	**бала**	bala
bambini (m pl)	**балдар**	baldar
nonna (f)	**чоң апа**	ʧoŋ apa

nonno (m)	**чоң ата**	ʧoŋ ata
nipote (m) (figlio di un figlio)	**небере бала**	nebere bala
nipote (f)	**небере кыз**	nebere kız
nipoti (pl)	**неберелер**	nebereler
zio (m)	**таяке**	tajake
zia (f)	**таяже**	tajaʤe
nipote (m) (figlio di un fratello)	**ини**	ini
nipote (f)	**жээн**	ʤeen
suocera (f)	**кайын эне**	kajın ene
suocero (m)	**кайын ата**	kajın ata
genero (m)	**күйөө бала**	kyjøø bala
matrigna (f)	**өгөй эне**	øgøj ene
patrigno (m)	**өгөй ата**	øgøj ata
neonato (m)	**эмчектеги бала**	emʧektegi bala
infante (m)	**ымыркай**	ımırkaj
bimbo (m), ragazzino (m)	**бөбөк**	bøbøk
moglie (f)	**аял**	ajal
marito (m)	**эр**	er
coniuge (m)	**күйөө**	kyjøø
coniuge (f)	**зайып**	zajıp
sposato (agg)	**аялы бар**	ajalı bar
sposata (agg)	**күйөөдө**	kyjøødø
celibe (agg)	**бойдок**	bojdok
scapolo (m)	**бойдок**	bojdok
divorziato (agg)	**ажырашкан**	aʤıraʃkan
vedova (f)	**жесир**	ʤesir
vedovo (m)	**жесир**	ʤesir
parente (m)	**тууган**	tuugan
parente (m) stretto	**жакын тууган**	ʤakın tuugan
parente (m) lontano	**алыс тууган**	alıs tuugan
parenti (m pl)	**бир тууган**	bir tuugan
orfano (m), orfana (f)	**жетим**	ʤetim
tutore (m)	**камкорчу**	kamkorʧu
adottare (~ un bambino)	**уул кылып асырап алуу**	uul kılıp asırap aluu
adottare (~ una bambina)	**кыз кылып асырап алуу**	kız kılıp asırap aluu

60. Amici. Colleghi

amico (m)	**дос**	dos
amica (f)	**курбу**	kurbu
amicizia (f)	**достук**	dostuk
essere amici	**достошуу**	dostoʃuu
amico (m) (inform.)	**шерик**	ʃerik
amica (f) (inform.)	**шерик кыз**	ʃerik kız
partner (m)	**өнөктөш**	ønøktøʃ
capo (m)	**башчы**	baʃʧı

capo (m), superiore (m)	**башчы**	baʃʧı
proprietario (m)	**кожоюн**	koʤoʤʉn
subordinato (m)	**кол астындагы**	kol astındagı
collega (m)	**кесиптеш**	kesipteʃ
conoscente (m)	**тааныш**	taanıʃ
compagno (m) di viaggio	**жолдош**	ʤoldoʃ
compagno (m) di classe	**классташ**	klasstaʃ
vicino (m)	**кошуна**	koʃuna
vicina (f)	**кошуна**	koʃuna
vicini (m pl)	**кошуналар**	koʃunalar

CORPO UMANO. MEDICINALI

61. Testa

testa (f)	**баш**	baʃ
viso (m)	**бет**	bet
naso (m)	**мурун**	murun
bocca (f)	**ооз**	ooz
occhio (m)	**көз**	køz
occhi (m pl)	**көздөр**	køzdør
pupilla (f)	**карек**	karek
sopracciglio (m)	**каш**	kaʃ
ciglio (m)	**кирпик**	kirpik
palpebra (f)	**кабак**	kabak
lingua (f)	**тил**	til
dente (m)	**тиш**	tiʃ
labbra (f pl)	**эриндер**	erinder
zigomi (m pl)	**бет сөөгү**	bet søøgy
gengiva (f)	**тиш эти**	tiʃ eti
palato (m)	**таңдай**	taŋdaj
narici (f pl)	**мурун тешиги**	murun teʃigi
mento (m)	**ээк**	eek
mascella (f)	**жаак**	ʤaak
guancia (f)	**бет**	bet
fronte (f)	**чеке**	ʧeke
tempia (f)	**чыкый**	ʧıkıj
orecchio (m)	**кулак**	kulak
nuca (f)	**желке**	ʤelke
collo (m)	**моюн**	mojʉn
gola (f)	**тамак**	tamak
capelli (m pl)	**чач**	ʧaʧ
pettinatura (f)	**чач жасоо**	ʧaʧ ʤasoo
taglio (m)	**чач кыркуу**	ʧaʧ kırkuu
parrucca (f)	**парик**	parik
baffi (m pl)	**мурут**	murut
barba (f)	**сакал**	sakal
portare (~ la barba, ecc.)	**мурут коюу**	murut kojʉu
treccia (f)	**өрүм чач**	ørym ʧaʧ
basette (f pl)	**бакенбарда**	bakenbarda
rosso (agg)	**сары**	sarı
brizzolato (agg)	**ак чачтуу**	ak ʧaʧtuu
calvo (agg)	**таз**	taz
calvizie (f)	**кашка**	kaʃka

coda (f) di cavallo	**куйрук**	kujruk
frangetta (f)	**көкүл**	køkyl

62. Corpo umano

mano (f)	**беш манжа**	beʃ mandʒa
braccio (m)	**кол**	kol
dito (m)	**манжа**	mandʒa
dito (m) del piede	**манжа**	mandʒa
pollice (m)	**бармак**	barmak
mignolo (m)	**чыпалак**	ʧıpalak
unghia (f)	**тырмак**	tırmak
pugno (m)	**муштум**	muʃtum
palmo (m)	**алакан**	alakan
polso (m)	**билек**	bilek
avambraccio (m)	**каруу**	karuu
gomito (m)	**чыканак**	ʧıkanak
spalla (f)	**ийин**	ijin
gamba (f)	**бут**	but
pianta (f) del piede	**таман**	taman
ginocchio (m)	**тизе**	tize
polpaccio (m)	**балтыр**	baltır
anca (f)	**сан**	san
tallone (m)	**согончок**	sogonʧok
corpo (m)	**дене**	dene
pancia (f)	**курсак**	kursak
petto (m)	**төш**	tøʃ
seno (m)	**эмчек**	emʧek
fianco (m)	**каптал**	kaptal
schiena (f)	**арка жон**	arka dʒon
zona (f) lombare	**бел**	bel
vita (f)	**бел**	bel
ombelico (m)	**киндик**	kindik
natiche (f pl)	**жамбаш**	dʒambaʃ
sedere (m)	**көчүк**	køʧyk
neo (m)	**мең**	meŋ
voglia (f) (~ di fragola)	**кал**	kal
tatuaggio (m)	**татуировка**	tatuirovka
cicatrice (f)	**тырык**	tırık

63. Malattie

malattia (f)	**оору**	ooru
essere malato	**ооруу**	ooruu
salute (f)	**ден-соолук**	den-sooluk
raffreddore (m)	**мурдунан суу агуу**	murdunan suu aguu

tonsillite (f)	**ангина**	angina
raffreddore (m)	**суук тийүү**	suuk tijyy
raffreddarsi (vr)	**суук тийгизип алуу**	suuk tijgizip aluu
bronchite (f)	**бронхит**	bronχit
polmonite (f)	**кабыргадан сезгенүү**	kabırgadan sezgenyy
influenza (f)	**сасык тумоо**	sasık tumoo
miope (agg)	**алыстан көрө албоо**	alıstan kørø alboo
presbite (agg)	**жакындан көрө албоо**	ʤakından kørø alboo
strabismo (m)	**кылый көздүүлүк**	kılıj køzdyylyk
strabico (agg)	**кылый көздүүлүк**	kılıj køzdyylyk
cateratta (f)	**челкөз**	ʧelkøz
glaucoma (m)	**глаукома**	glaukoma
ictus (m) cerebrale	**мээге кан куюлуу**	meege kan kujʉluu
attacco (m) di cuore	**инфаркт**	infarkt
infarto (m) miocardico	**инфаркт миокарда**	infarkt miokarda
paralisi (f)	**шал**	ʃal
paralizzare (vt)	**шал болуу**	ʃal boluu
allergia (f)	**аллергия**	allergija
asma (f)	**астма**	astma
diabete (m)	**диабет**	diabet
mal (m) di denti	**тиш оорусу**	tiʃ oorusu
carie (f)	**кариес**	karies
diarrea (f)	**ич өткү**	iʧ øtky
stitichezza (f)	**ич катуу**	iʧ katuu
disturbo (m) gastrico	**ич бузулгандык**	iʧ buzulgandık
intossicazione (f) alimentare	**ууланyy**	uulanuu
intossicarsi (vr)	**ууланyy**	uulanuu
artrite (f)	**артрит**	artrit
rachitide (f)	**итий**	itij
reumatismo (m)	**кызыл жүгүрүк**	kızıl ʤygyryk
aterosclerosi (f)	**атеросклероз**	ateroskleroz
gastrite (f)	**карын сезгенүүсү**	karın sezgenyysu
appendicite (f)	**аппендицит**	appenditsit
colecistite (f)	**холецистит**	χoletsistit
ulcera (f)	**жара**	ʤara
morbillo (m)	**кызылча**	kızılʧa
rosolia (f)	**кызамык**	kızamık
itterizia (f)	**сарык**	sarık
epatite (f)	**гепатит**	gepatit
schizofrenia (f)	**шизофрения**	ʃizofrenija
rabbia (f)	**кутурма**	kuturma
nevrosi (f)	**невроз**	nevroz
commozione (f) cerebrale	**мээнин чайкалышы**	meenin ʧajkalıʃı
cancro (m)	**рак**	rak
sclerosi (f)	**склероз**	skleroz

sclerosi (f) multipla	**жайылган склероз**	ʤajılgan skleroz
alcolismo (m)	**аракечтик**	araketʃtik
alcolizzato (m)	**аракеч**	araketʃ
sifilide (f)	**котон жара**	koton ʤara
AIDS (m)	**СПИД**	spid
tumore (m)	**шишик**	ʃiʃik
maligno (agg)	**залалдуу**	zalalduu
benigno (agg)	**залалсыз**	zalalsız
febbre (f)	**безгек**	bezgek
malaria (f)	**безгек**	bezgek
cancrena (f)	**кабыз**	kabız
mal (m) di mare	**деңиз оорусу**	deŋiz oorusu
epilessia (f)	**талма**	talma
epidemia (f)	**эпидемия**	epidemija
tifo (m)	**келте**	kelte
tubercolosi (f)	**кургак учук**	kurgak utʃuk
colera (m)	**холера**	χolera
peste (f)	**кара тумоо**	kara tumoo

64. Sintomi. Cure. Parte 1

sintomo (m)	**белги**	belgi
temperatura (f)	**дене табынын көтөрүлүшү**	dene tabının køtørylyʃy
febbre (f) alta	**жогорку температура**	ʤogorku temperatura
polso (m)	**тамыр кагышы**	tamır kagıʃı
capogiro (m)	**баш айлануу**	baʃ ajlanuu
caldo (agg)	**ысык**	ısık
brivido (m)	**чыйрыгуу**	ʧıjrıguu
pallido (un viso ~)	**купкуу**	kupkuu
tosse (f)	**жөтөл**	ʤøtøl
tossire (vi)	**жөтөлүү**	ʤøtølyy
starnutire (vi)	**чүчкүрүү**	ʧyʧkyryy
svenimento (m)	**эси оо**	esi oo
svenire (vi)	**эси ооп жыгылуу**	esi oop ʤıgıluu
livido (m)	**көк-ала**	køk-ala
bernoccolo (m)	**шишик**	ʃiʃik
farsi un livido	**урунуп алуу**	urunup aluu
contusione (f)	**көгөртүп алуу**	køgørtyp aluu
farsi male	**көгөртүп алуу**	køgørtyp aluu
zoppicare (vi)	**аксоо**	aksoo
slogatura (f)	**муундун чыгып кетүүсү**	muundun ʧıgıp ketyysy
slogarsi (vr)	**чыгарып алуу**	ʧıgarıp aluu
frattura (f)	**сынуу**	sınuu
fratturarsi (vr)	**сындырып алуу**	sındırıp aluu
taglio (m)	**кесилген жер**	kesilgen ʤer
tagliarsi (vr)	**кесип алуу**	kesip aluu

emorragia (f)	**кан кетүү**	kan ketyy
scottatura (f)	**күйүк**	kyjyk
scottarsi (vr)	**күйгүзүп алуу**	kyjgyzyp aluu
pungere (vt)	**саюу**	sajʉu
pungersi (vr)	**сайып алуу**	sajɪp aluu
ferire (vt)	**кокустатып алуу**	kokustatɪp aluu
ferita (f)	**кокустатып алуу**	kokustatɪp aluu
lesione (f)	**жара**	ʤara
trauma (m)	**жаракат**	ʤarakat
delirare (vi)	**жөлүү**	ʤølyy
tartagliare (vi)	**кекечтенүү**	keketʃtenyy
colpo (m) di sole	**күн өтүү**	kyn øtyy

65. Sintomi. Cure. Parte 2

dolore (m), male (m)	**оору**	ooru
scheggia (f)	**тикен**	tiken
sudore (m)	**тер**	ter
sudare (vi)	**тердөө**	terdøø
vomito (m)	**кусуу**	kusuu
convulsioni (f pl)	**тарамыш карышуусу**	taramɪʃ karɪʃuusu
incinta (agg)	**кош бойлуу**	koʃ bojluu
nascere (vi)	**төрөлүү**	tørølyy
parto (m)	**төрөт**	tørøt
essere in travaglio di parto	**төрөө**	tørøø
aborto (m)	**бойдон түшүрүү**	bojdon tyʃyryy
respirazione (f)	**дем алуу**	dem aluu
inspirazione (f)	**дем алуу**	dem aluu
espirazione (f)	**дем чыгаруу**	dem ʧɪgaruu
espirare (vi)	**дем чыгаруу**	dem ʧɪgaruu
inspirare (vi)	**дем алуу**	dem aluu
invalido (m)	**майып**	majɪp
storpio (m)	**мунжу**	munʤu
drogato (m)	**баңги**	baŋgi
sordo (agg)	**дүлөй**	dyløj
muto (agg)	**дудук**	duduk
sordomuto (agg)	**дудук**	duduk
matto (agg)	**жин тийген**	ʤin tijgen
matto (m)	**жинди чалыш**	ʤindi ʧalɪʃ
matta (f)	**жинди чалыш**	ʤindi ʧalɪʃ
impazzire (vi)	**мээси айныган**	meesi ajnɪgan
gene (m)	**ген**	gen
immunità (f)	**иммунитет**	immunitet
ereditario (agg)	**тукум куучулук**	tukum kuuʧuluk
innato (agg)	**тубаса**	tubasa

virus (m)	**вирус**	virus
microbo (m)	**микроб**	mikrob
batterio (m)	**бактерия**	bakterija
infezione (f)	**жугуштуу илдет**	ʤuguʃtuu ildet

66. Sintomi. Cure. Parte 3

ospedale (m)	**оорукана**	oorukana
paziente (m)	**бейтап**	bejtap
diagnosi (f)	**дарт аныктоо**	dart anıktoo
cura (f)	**дарылоо**	darıloo
trattamento (m)	**дарылоо**	darıloo
curarsi (vr)	**дарылануу**	darılanuu
curare (vt)	**дарылоо**	darıloo
accudire (un malato)	**кароо**	karoo
assistenza (f)	**кароо**	karoo
operazione (f)	**операция**	operaʦija
bendare (vt)	**жараны таңуу**	ʤaranı taŋuu
fasciatura (f)	**таңуу**	taŋuu
vaccinazione (f)	**эмдөө**	emdøø
vaccinare (vt)	**эмдөө**	emdøø
iniezione (f)	**ийне салуу**	ijne saluu
fare una puntura	**ийне сайдыруу**	ijne sajdıruu
attacco (m) (~ epilettico)	**оору кармап калуу**	ooru karmap kaluu
amputazione (f)	**кесүү**	kesyy
amputare (vt)	**кесип таштоо**	kesip taʃtoo
coma (m)	**кома**	koma
essere in coma	**комада болуу**	komada boluu
rianimazione (f)	**реанимация**	reanimaʦija
guarire (vi)	**сакаюу**	sakajʉu
stato (f) (del paziente)	**абал**	abal
conoscenza (f)	**эсинде**	esinde
memoria (f)	**эс тутум**	es tutum
estrarre (~ un dente)	**тишти жулуу**	tiʃti ʤuluu
otturazione (f)	**пломба**	plomba
otturare (vt)	**пломба салуу**	plomba saluu
ipnosi (f)	**гипноз**	gipnoz
ipnotizzare (vt)	**гипноз кылуу**	gipnoz kıluu

67. Medicinali. Farmaci. Accessori

medicina (f)	**дары-дармек**	darı-darmek
rimedio (m)	**дары**	darı
prescrivere (vt)	**жазып берүү**	ʤazıp beryy
prescrizione (f)	**рецепт**	reʦept

compressa (f)	**таблетка**	tabletka
unguento (m)	**май**	maj
fiala (f)	**ампула**	ampula
pozione (f)	**аралашма**	aralaʃma
sciroppo (m)	**сироп**	sirop
pillola (f)	**пилюля**	pilʉlʲa
polverina (f)	**күкүм**	kykym
benda (f)	**бинт**	bint
ovatta (f)	**пахта**	paχta
iodio (m)	**йод**	jod
cerotto (m)	**лейкопластырь**	lejkoplastırʲ
contagocce (m)	**дары тамызгыч**	darı tamızgıʧ
termometro (m)	**градусник**	gradusnik
siringa (f)	**шприц**	ʃprits
sedia (f) a rotelle	**майып арабасы**	majıp arabası
stampelle (f pl)	**колтук таяк**	koltuk tajak
analgesico (m)	**ооруу сездирбөөчү дары**	ooru sezdirbøøʧy darı
lassativo (m)	**ич алдыруучу дары**	iʧ aldıruuʧu darı
alcol (m)	**спирт**	spirt
erba (f) officinale	**дары чөптөр**	darı ʧøptør
d'erbe (infuso ~)	**чөп чайы**	ʧøp ʧajı

APPARTAMENTO

68. Appartamento

appartamento (m)	**батир**	batir
camera (f), stanza (f)	**бөлмө**	bølmø
camera (f) da letto	**уктоочу бөлмө**	uktooʧu bølmø
sala (f) da pranzo	**ашкана**	aʃkana
salotto (m)	**конок үйү**	konok yjy
studio (m)	**иш бөлмөсү**	iʃ bølmøsy
ingresso (m)	**кире бериш**	kire beriʃ
bagno (m)	**ванная**	vannaja
gabinetto (m)	**дааратканa**	daaratkana
soffitto (m)	**шып**	ʃıp
pavimento (m)	**пол**	pol
angolo (m)	**бурч**	burʧ

69. Arredamento. Interno

mobili (m pl)	**эмерек**	emerek
tavolo (m)	**стол**	stol
sedia (f)	**стул**	stul
letto (m)	**керебет**	kerebet
divano (m)	**диван**	divan
poltrona (f)	**олпок отургуч**	olpok oturguʧ
libreria (f)	**китеп шкафы**	kitep ʃkafı
ripiano (m)	**текче**	tekʧe
armadio (m)	**шкаф**	ʃkaf
attaccapanni (m) da parete	**кийим илгич**	kijim ilgiʧ
appendiabiti (m) da terra	**кийим илгич**	kijim ilgiʧ
comò (m)	**комод**	komod
tavolino (m) da salotto	**журнал столу**	ʤurnal stolu
specchio (m)	**күзгү**	kyzgy
tappeto (m)	**килем**	kilem
tappetino (m)	**килемче**	kilemʧe
camino (m)	**очок**	oʧok
candela (f)	**шам**	ʃam
candeliere (m)	**шамдал**	ʃamdal
tende (f pl)	**парда**	parda
carta (f) da parati	**туш кагаз**	tuʃ kagaz

tende (f pl) alla veneziana	**жалюзи**	ʤalʤuzi
lampada (f) da tavolo	**стол чырагы**	stol ʧıragı
lampada (f) da parete	**чырак**	ʧırak
lampada (f) a stelo	**торшер**	torʃer
lampadario (m)	**асма шам**	asma ʃam
gamba (f)	**бут**	but
bracciolo (m)	**чыканак такооч**	ʧıkanak takooʧ
spalliera (f)	**жөлөнгүч**	ʤøløngyʧ
cassetto (m)	**суурма**	suurma

70. Biancheria da letto

biancheria (f) da letto	**шейшеп**	ʃejʃep
cuscino (m)	**жаздык**	ʤazdık
federa (f)	**жаздык кап**	ʤazdık kap
coperta (f)	**жууркан**	ʤuurkan
lenzuolo (m)	**шейшеп**	ʃejʃep
copriletto (m)	**жапкыч**	ʤapkıʧ

71. Cucina

cucina (f)	**ашкана**	aʃkana
gas (m)	**газ**	gaz
fornello (m) a gas	**газ плитасы**	gaz plitası
fornello (m) elettrico	**электр плитасы**	elektr plitası
forno (m)	**духовка**	duχovka
forno (m) a microonde	**микротолкун меши**	mikrotolkun meʃi
frigorifero (m)	**муздаткыч**	muzdatkıʧ
congelatore (m)	**тоңдургуч**	toŋdurguʧ
lavastoviglie (f)	**идиш жуучу машина**	idiʃ ʤuuʧu maʃina
tritacarne (m)	**эт туурагыч**	et tuuragıʧ
spremifrutta (m)	**шире сыккыч**	ʃire sıkkıʧ
tostapane (m)	**тостер**	toster
mixer (m)	**миксер**	mikser
macchina (f) da caffè	**кофе кайнаткыч**	kofe kajnatkıʧ
caffettiera (f)	**кофе кайнатуучу идиш**	kofe kajnatuuʧu idiʃ
macinacaffè (m)	**кофе майдалагыч**	kofe majdalagıʧ
bollitore (m)	**чайнек**	ʧajnek
teiera (f)	**чайнек**	ʧajnek
coperchio (m)	**капкак**	kapkak
colino (m) da tè	**чыпка**	ʧıpka
cucchiaio (m)	**кашык**	kaʃık
cucchiaino (m) da tè	**чай кашык**	ʧaj kaʃık
cucchiaio (m)	**аш кашык**	aʃ kaʃık
forchetta (f)	**вилка**	vilka
coltello (m)	**бычак**	bıʧak

stoviglie (f pl)	**идиш-аяк**	idiʃ-ajak
piatto (m)	**табак**	tabak
piattino (m)	**табак**	tabak
cicchetto (m)	**рюмка**	rʉmka
bicchiere (m) (~ d'acqua)	**ыстакан**	ıstakan
tazzina (f)	**чөйчөк**	ʧøjʧøk
zuccheriera (f)	**кум шекер салгыч**	kum ʃeker salgıʧ
saliera (f)	**туз салгыч**	tuz salgıʧ
pepiera (f)	**мурч салгыч**	murʧ salgıʧ
burriera (f)	**май салгыч**	maj salgıʧ
pentola (f)	**мискей**	miskej
padella (f)	**табак**	tabak
mestolo (m)	**чөмүч**	ʧømyʧ
colapasta (m)	**депкир**	depkir
vassoio (m)	**батыныс**	batınıs
bottiglia (f)	**бөтөлкө**	bøtølkø
barattolo (m) di vetro	**банка**	banka
latta, lattina (f)	**банка**	banka
apribottiglie (m)	**ачкыч**	aʧkıʧ
apriscatole (m)	**ачкыч**	aʧkıʧ
cavatappi (m)	**штопор**	ʃtopor
filtro (m)	**чыпка**	ʧıpka
filtrare (vt)	**чыпкалоо**	ʧıpkaloo
spazzatura (f)	**таштанды**	taʃtandı
pattumiera (f)	**таштанды чака**	taʃtandı ʧaka

72. Bagno

bagno (m)	**ванная**	vannaja
acqua (f)	**суу**	suu
rubinetto (m)	**чорго**	ʧorgo
acqua (f) calda	**ысык суу**	ısık suu
acqua (f) fredda	**муздак суу**	muzdak suu
dentifricio (m)	**тиш пастасы**	tiʃ pastası
lavarsi i denti	**тиш жуу**	tiʃ ʤuu
spazzolino (m) da denti	**тиш щёткасы**	tiʃ ʃʧotkası
rasarsi (vr)	**кырынуу**	kırınuu
schiuma (f) da barba	**кырынуу үчүн көбүк**	kırınuu yʧyn købyk
rasoio (m)	**устара**	ustara
lavare (vt)	**жуу**	ʤuu
fare un bagno	**жуунуу**	ʤuunuu
doccia (f)	**душ**	duʃ
fare una doccia	**душка түшүү**	duʃka tyʃyy
vasca (f) da bagno	**ванна**	vanna
water (m)	**унитаз**	unitaz

lavandino (m)	**раковина**	rakovina
sapone (m)	**самын**	samın
porta (m) sapone	**самын салгыч**	samın salgıʧ
spugna (f)	**губка**	gubka
shampoo (m)	**шампунь**	ʃampunʲ
asciugamano (m)	**сүлгү**	sylgy
accappatoio (m)	**халат**	χalat
bucato (m)	**кир жуу**	kir ʤuu
lavatrice (f)	**кир жуучу машина**	kir ʤuuʧu maʃina
fare il bucato	**кир жуу**	kir ʤuu
detersivo (m) per il bucato	**кир жуучу порошок**	kir ʤuuʧu poroʃok

73. Elettrodomestici

televisore (m)	**сыналгы**	sınalgı
registratore (m) a nastro	**магнитофон**	magnitofon
videoregistratore (m)	**видеомагнитофон**	videomagnitofon
radio (f)	**үналгы**	ynalgı
lettore (m)	**плеер**	pleer
videoproiettore (m)	**видеопроектор**	videoproektor
home cinema (m)	**үй кинотеатры**	yj kinoteatrı
lettore (m) DVD	**DVD ойноткуч**	dividi ojnotkuʧ
amplificatore (m)	**күчөткүч**	kyʧøtkyʧ
console (f) video giochi	**оюн приставкасы**	ojʉn pristavkası
videocamera (f)	**видеокамера**	videokamera
macchina (f) fotografica	**фотоаппарат**	fotoapparat
fotocamera (f) digitale	**санарип камерасы**	sanarip kamerası
aspirapolvere (m)	**чаң соргуч**	ʧaŋ sorguʧ
ferro (m) da stiro	**үтүк**	ytyk
asse (f) da stiro	**үтүктөөчү тактай**	ytyktøøʧy taktaj
telefono (m)	**телефон**	telefon
telefonino (m)	**мобилдик**	mobildik
macchina (f) da scrivere	**машинка**	maʃinka
macchina (f) da cucire	**кийим тигүүчү машинка**	kijim tigyyʧy maʃinka
microfono (m)	**микрофон**	mikrofon
cuffia (f)	**кулакчын**	kulakʧın
telecomando (m)	**пульт**	pulʲt
CD (m)	**CD, компакт-диск**	sidi, kompakt-disk
cassetta (f)	**кассета**	kasseta
disco (m) (vinile)	**пластинка**	plastinka

LA TERRA. TEMPO

74. L'Universo

cosmo (m)	**космос**	kosmos
cosmico, spaziale (agg)	**космос**	kosmos
spazio (m) cosmico	**космос мейкиндиги**	kosmos mejkindigi
mondo (m)	**дүйнө**	dyjnø
universo (m)	**аалам**	aalam
galassia (f)	**галактика**	galaktika
stella (f)	**жылдыз**	ʤıldız
costellazione (f)	**жылдыздар**	ʤıldızdar
pianeta (m)	**планета**	planeta
satellite (m)	**жолдош**	ʤoldoʃ
meteorite (m)	**метеорит**	meteorit
cometa (f)	**комета**	kometa
asteroide (m)	**астероид**	asteroid
orbita (f)	**орбита**	orbita
ruotare (vi)	**айлануу**	ajlanuu
atmosfera (f)	**атмосфера**	atmosfera
il Sole	**күн**	kyn
sistema (m) solare	**күн системасы**	kyn sisteması
eclisse (f) solare	**күндүн тутулушу**	kyndyn tutuluʃu
la Terra	**Жер**	ʤer
la Luna	**Ай**	aj
Marte (m)	**Марс**	mars
Venere (f)	**Венера**	venera
Giove (m)	**Юпитер**	jʉpiter
Saturno (m)	**Сатурн**	saturn
Mercurio (m)	**Меркурий**	merkurij
Urano (m)	**Уран**	uran
Nettuno (m)	**Нептун**	neptun
Plutone (m)	**Плутон**	pluton
Via (f) Lattea	**Саманчынын жолу**	samanʧının ʤolu
Orsa (f) Maggiore	**Чоң Жетиген**	ʧoŋ ʤetigen
Stella (f) Polare	**Полярдык Жылдыз**	polʲardık ʤıldız
marziano (m)	**марсианин**	marsianin
extraterrestre (m)	**инопланетянин**	inoplanetʲanin
alieno (m)	**келгин**	kelgin

disco (m) volante	**учуучу табак**	utʃuutʃu tabak
nave (f) spaziale	**космос кемеси**	kosmos kemesi
stazione (f) spaziale	**орбитадагы станция**	orbitadagı stantsija
lancio (m)	**старт**	start
motore (m)	**кыймылдаткыч**	kıjmıldatkıtʃ
ugello (m)	**сопло**	soplo
combustibile (m)	**күйүүчү май**	kyjyytʃy may
cabina (f) di pilotaggio	**кабина**	kabina
antenna (f)	**антенна**	antenna
oblò (m)	**иллюминатор**	illʉminator
batteria (f) solare	**күн батареясы**	kyn batarejası
scafandro (m)	**скафандр**	skafandr
imponderabilità (f)	**салмаксыздык**	salmaksızdık
ossigeno (m)	**кислород**	kislorod
aggancio (m)	**жалгаштыруу**	dʒalgaʃtıruu
agganciarsi (vr)	**жалгаштыруу**	dʒalgaʃtıruu
osservatorio (m)	**обсерватория**	observatorija
telescopio (m)	**телескоп**	teleskop
osservare (vt)	**байкоо**	bajkoo
esplorare (vt)	**изилдөө**	izildøø

75. La Terra

la Terra	**Жер**	dʒer
globo (m) terrestre	**жер шары**	dʒer ʃarı
pianeta (m)	**планета**	planeta
atmosfera (f)	**атмосфера**	atmosfera
geografia (f)	**география**	geografija
natura (f)	**табийгат**	tabijgat
mappamondo (m)	**глобус**	globus
carta (f) geografica	**карта**	karta
atlante (m)	**атлас**	atlas
Europa (f)	**Европа**	evropa
Asia (f)	**Азия**	azija
Africa (f)	**Африка**	afrika
Australia (f)	**Австралия**	avstralija
America (f)	**Америка**	amerika
America (f) del Nord	**Северная Америка**	severnaja amerika
America (f) del Sud	**Южная Америка**	jʉdʒnaja amerika
Antartide (f)	**Антарктида**	antarktida
Artico (m)	**Арктика**	arktika

76. Punti cardinali

nord (m)	**түндүк**	tyndyk
a nord	**түндүккө**	tyndykkø
al nord	**түндүктө**	tyndyktø
del nord (agg)	**түндүк**	tyndyk
sud (m)	**түштүк**	tyʃtyk
a sud	**түштүккө**	tyʃtykkø
al sud	**түштүктө**	tyʃtyktø
del sud (agg)	**түштүк**	tyʃtyk
ovest (m)	**батыш**	batıʃ
a ovest	**батышка**	batıʃka
all'ovest	**батышта**	batıʃta
dell'ovest, occidentale	**батыш**	batıʃ
est (m)	**чыгыш**	ʧıgıʃ
a est	**чыгышка**	ʧıgıʃka
all'est	**чыгышта**	ʧıgıʃta
dell'est, orientale	**чыгыш**	ʧıgıʃ

77. Mare. Oceano

mare (m)	**деңиз**	deŋiz
oceano (m)	**мухит**	muχit
golfo (m)	**булуң**	buluŋ
stretto (m)	**кысык**	kısık
terra (f) (terra firma)	**жер**	ʤer
continente (m)	**материк**	materik
isola (f)	**арал**	aral
penisola (f)	**жарым арал**	ʤarım aral
arcipelago (m)	**архипелаг**	arχipelag
baia (f)	**булуң**	buluŋ
porto (m)	**гавань**	gavanʲ
laguna (f)	**лагуна**	laguna
capo (m)	**тумшук**	tumʃuk
atollo (m)	**атолл**	atoll
scogliera (f)	**риф**	rif
corallo (m)	**маржан**	marʤan
barriera (f) corallina	**маржан рифи**	marʤan rifi
profondo (agg)	**терең**	tereŋ
profondità (f)	**тереңдик**	tereŋdik
abisso (m)	**түбү жок**	tyby ʤok
fossa (f) (~ delle Marianne)	**ойдуң**	ojduŋ
corrente (f)	**агым**	agım
circondare (vt)	**курчап туруу**	kurʧap turuu

litorale (m)	**жээк**	ʤeek
costa (f)	**жээк**	ʤeek
alta marea (f)	**суунун көтөрүлүшү**	suunun køtørylyʃy
bassa marea (f)	**суунун тартылуусу**	suunun tartıluusu
banco (m) di sabbia	**тайыздык**	tajızdık
fondo (m)	**суунун түбү**	suunun tyby
onda (f)	**толкун**	tolkun
cresta (f) dell'onda	**толкундун кыры**	tolkundun kırı
schiuma (f)	**көбүк**	købyk
tempesta (f)	**бороон чапкын**	boroon ʧapkın
uragano (m)	**бороон**	boroon
tsunami (m)	**цунами**	ʦunami
bonaccia (f)	**штиль**	ʃtilʲ
tranquillo (agg)	**тынч**	tınʧ
polo (m)	**уюл**	ujʉl
polare (agg)	**полярдык**	polʲardık
latitudine (f)	**кеңдик**	keŋdik
longitudine (f)	**узундук**	uzunduk
parallelo (m)	**параллель**	parallelʲ
equatore (m)	**экватор**	ekvator
cielo (m)	**асман**	asman
orizzonte (m)	**горизонт**	gorizont
aria (f)	**аба**	aba
faro (m)	**маяк**	majak
tuffarsi (vr)	**сүңгүү**	syŋgyy
affondare (andare a fondo)	**чөгүп кетүү**	ʧøgyp ketyy
tesori (m)	**казына**	kazına

78. Nomi dei mari e degli oceani

Oceano (m) Atlantico	**Атлантика мухити**	atlantika muχiti
Oceano (m) Indiano	**Индия мухити**	indija muχiti
Oceano (m) Pacifico	**Тынч мухити**	tınʧ muχiti
mar (m) Glaciale Artico	**Түндүк Муз мухити**	tyndyk muz muχiti
mar (m) Nero	**Кара деңиз**	kara deŋiz
mar (m) Rosso	**Кызыл деңиз**	kızıl deŋiz
mar (m) Giallo	**Сары деңиз**	sarı deŋiz
mar (m) Bianco	**Ак деңиз**	ak deŋiz
mar (m) Caspio	**Каспий деңизи**	kaspij deŋizi
mar (m) Morto	**Өлүк деңиз**	ølyk deŋiz
mar (m) Mediterraneo	**Жер Ортолук деңиз**	ʤer ortoluk deŋiz
mar (m) Egeo	**Эгей деңизи**	egej deŋizi
mar (m) Adriatico	**Адриатика деңизи**	adriatika deŋizi
mar (m) Arabico	**Аравия деңизи**	aravija deŋizi

mar (m) del Giappone	**Япон деңизи**	japon deŋizi
mare (m) di Bering	**Беринг деңизи**	bering deŋizi
mar (m) Cinese meridionale	**Түштүк-Кытай деңизи**	tyʃtyk-kıtaj deŋizi
mar (m) dei Coralli	**Маржан деңизи**	marʤan deŋizi
mar (m) di Tasman	**Тасман деңизи**	tasman deŋizi
mar (m) dei Caraibi	**Кариб деңизи**	karib deŋizi
mare (m) di Barents	**Баренц деңизи**	barenʦ deŋizi
mare (m) di Kara	**Карск деңизи**	karsk deŋizi
mare (m) del Nord	**Түндүк деңиз**	tyndyk deŋiz
mar (m) Baltico	**Балтика деңизи**	baltika deŋizi
mare (m) di Norvegia	**Норвегиялык деңизи**	norvegijalık deŋizi

79. Montagne

monte (m), montagna (f)	**тоо**	too
catena (f) montuosa	**тоо тизмеги**	too tizmegi
crinale (m)	**тоо кыркалары**	too kırkaları
cima (f)	**чоку**	ʧoku
picco (m)	**чоку**	ʧoku
piedi (m pl)	**тоо этеги**	too etegi
pendio (m)	**эңкейиш**	eŋkejiʃ
vulcano (m)	**вулкан**	vulkan
vulcano (m) attivo	**күйүп жаткан**	kyjyp ʤatkan
vulcano (m) inattivo	**өчүп калган вулкан**	øʧyp kalgan vulkan
eruzione (f)	**атырылып чыгуу**	atırılıp ʧıguu
cratere (m)	**кратер**	krater
magma (m)	**магма**	magma
lava (f)	**лава**	lava
fuso (lava ~a)	**кызыган**	kızıgan
canyon (m)	**каньон**	kanʲon
gola (f)	**капчыгай**	kapʧıgaj
crepaccio (m)	**жарака**	ʤaraka
precipizio (m)	**жар**	ʤar
passo (m), valico (m)	**ашуу**	aʃuu
altopiano (m)	**дөңсөө**	døŋsøø
falesia (f)	**зоока**	zooka
collina (f)	**дөбө**	døbø
ghiacciaio (m)	**муз**	muz
cascata (f)	**шаркыратма**	ʃarkıratma
geyser (m)	**гейзер**	gejzer
lago (m)	**көл**	køl
pianura (f)	**түздүк**	tyzdyk
paesaggio (m)	**теребел**	terebel
eco (f)	**жаңырык**	ʤaŋırık

alpinista (m)	**альпинист**	alʲpinist
scalatore (m)	**скалолаз**	skalolaz
conquistare (~ una cima)	**багындыруу**	bagındıruu
scalata (f)	**тоонун чокусуна чыгуу**	toonun ʧokusuna ʧıguu

80. Nomi delle montagne

Alpi (f pl)	**Альп тоолору**	alʲp tooloru
Monte (m) Bianco	**Монблан**	monblan
Pirenei (m pl)	**Пиреней тоолору**	pirenej tooloru
Carpazi (m pl)	**Карпат тоолору**	karpat tooloru
gli Urali (m pl)	**Урал тоолору**	ural tooloru
Caucaso (m)	**Кавказ тоолору**	kavkaz tooloru
Monte (m) Elbrus	**Эльбрус**	elʲbrus
Monti (m pl) Altai	**Алтай тоолору**	altaj tooloru
Tien Shan (m)	**Тянь-Шань**	tjanʲ-ʃanʲ
Pamir (m)	**Памир тоолору**	pamir tooloru
Himalaia (m)	**Гималай тоолору**	gimalaj tooloru
Everest (m)	**Эверест**	everest
Ande (f pl)	**Анд тоолору**	and tooloru
Kilimangiaro (m)	**Килиманджаро**	kilimanʤaro

81. Fiumi

fiume (m)	**дарыя**	darıja
fonte (f) (sorgente)	**булак**	bulak
letto (m) (~ del fiume)	**сай**	saj
bacino (m)	**бассейн**	bassejn
sfociare nel ...	**... куюу**	... kujʉu
affluente (m)	**куйма**	kujma
riva (f)	**жээк**	ʤeek
corrente (f)	**агым**	agım
a valle	**агым боюнча**	agım bojʉnʧa
a monte	**агымга каршы**	agımga karʃı
inondazione (f)	**ташкын**	taʃkın
piena (f)	**суу ташкыны**	suu taʃkını
straripare (vi)	**дайранын ташышы**	dajranın taʃıʃı
inondare (vt)	**суу каптоо**	suu kaptoo
secca (f)	**тайыздык**	tajızdık
rapida (f)	**босого**	bosogo
diga (f)	**тогоон**	togoon
canale (m)	**канал**	kanal
bacino (m) di riserva	**суу сактагыч**	suu saktagıʧ
chiusa (f)	**шлюз**	ʃlʉz

specchio (m) d'acqua	**көлмө**	kølmø
palude (f)	**саз**	saz
pantano (m)	**баткак**	batkak
vortice (m)	**айлампа**	ajlampa
ruscello (m)	**суу**	suu
potabile (agg)	**ичилчү суу**	iʧilʧy suu
dolce (di acqua ~)	**тузсуз**	tuzsuz
ghiaccio (m)	**муз**	muz
ghiacciarsi (vr)	**тоңуп калуу**	toŋup kaluu

82. Nomi dei fiumi

Senna (f)	**Сена**	sena
Loira (f)	**Луара**	luara
Tamigi (m)	**Темза**	temza
Reno (m)	**Рейн**	rejn
Danubio (m)	**Дунай**	dunaj
Volga (m)	**Волга**	volga
Don (m)	**Дон**	don
Lena (f)	**Лена**	lena
Fiume (m) Giallo	**Хуанхэ**	χuanχe
Fiume (m) Azzurro	**Янцзы**	janʦzı
Mekong (m)	**Меконг**	mekong
Gange (m)	**Ганг**	gang
Nilo (m)	**Нил**	nil
Congo (m)	**Конго**	kongo
Okavango	**Окаванго**	okavango
Zambesi (m)	**Замбези**	zambezi
Limpopo (m)	**Лимпопо**	limpopo
Mississippi (m)	**Миссисипи**	missisipi

83. Foresta

foresta (f)	**токой**	tokoj
forestale (agg)	**токойлуу**	tokojluu
foresta (f) fitta	**чытырман токой**	ʧıtırman tokoj
boschetto (m)	**токойчо**	tokojʧo
radura (f)	**аянт**	ajant
roveto (m)	**бадал**	badal
boscaglia (f)	**бадал**	badal
sentiero (m)	**чыйыр жол**	ʧıjır ʤol
calanco (m)	**жар**	ʤar
albero (m)	**дарак**	darak

foglia (f)	**жалбырак**	ʤalbırak
fogliame (m)	**жалбырак**	ʤalbırak
caduta (f) delle foglie	**жалбырак түшүү мезгили**	ʤalbırak tyʃyy mezgili
cadere (vi)	**түшүү**	tyʃyy
cima (f)	**чоку**	ʧoku
ramo (m), ramoscello (m)	**бутак**	butak
ramo (m)	**бутак**	butak
gemma (f)	**бүчүр**	byʧyr
ago (m)	**ийне**	ijne
pigna (f)	**тобурчак**	toburʧak
cavità (f)	**көңдөй**	køŋdøj
nido (m)	**уя**	uja
tana (f) (del fox, ecc.)	**ийин**	ijin
tronco (m)	**сөңгөк**	søŋgøk
radice (f)	**тамыр**	tamır
corteccia (f)	**кыртыш**	kırtıʃ
musco (m)	**мох**	moχ
sradicare (vt)	**дүмүрүн казуу**	dymyryn kazuu
abbattere (~ un albero)	**кыюу**	kıjʉu
disboscare (vt)	**токойду кыюу**	tokojdu kıjʉu
ceppo (m)	**дүмүр**	dymyr
falò (m)	**от**	ot
incendio (m) boschivo	**өрт**	ørt
spegnere (vt)	**өчүрүү**	øʧyryy
guardia (f) forestale	**токойчу**	tokojʧu
protezione (f)	**өсүмдүктөрдү коргоо**	øsymdyktørdy korgoo
proteggere (~ la natura)	**сактоо**	saktoo
bracconiere (m)	**браконьер**	brakonjer
tagliola (f) (~ per orsi)	**капкан**	kapkan
raccogliere (~ i funghi)	**терүү**	teryy
cogliere (~ le fragole)	**терүү**	teryy
perdersi (vr)	**адашып кетүү**	adaʃıp ketyy

84. Risorse naturali

risorse (f pl) naturali	**жаратылыш байлыктары**	ʤaratılıʃ bajlıktarı
minerali (m pl)	**пайдалуу кендер**	pajdaluu kender
deposito (m) (~ di carbone)	**кен**	ken
giacimento (m) (~ petrolifero)	**кендүү жер**	kendyy ʤer
estrarre (vt)	**казуу**	kazuu
estrazione (f)	**казуу**	kazuu
minerale (m) grezzo	**кен**	ken
miniera (f)	**шахта**	ʃaχta
pozzo (m) di miniera	**шахта**	ʃaχta
minatore (m)	**кенчи**	kenʧi

gas (m)	**газ**	gaz
gasdotto (m)	**газопровод**	gazoprovod
petrolio (m)	**мунайзат**	munajzat
oleodotto (m)	**мунайзар түтүгү**	munajzar tytygy
torre (f) di estrazione	**мунайзат скважинасы**	munajzat skvadʒinası
torre (f) di trivellazione	**мунайзат мунарасы**	munajzat munarası
petroliera (f)	**танкер**	tanker
sabbia (f)	**кум**	kum
calcare (m)	**акиташ**	akitaʃ
ghiaia (f)	**шагыл**	ʃagıl
torba (f)	**торф**	torf
argilla (f)	**ылай**	ılaj
carbone (m)	**көмүр**	kømyr
ferro (m)	**темир**	temir
oro (m)	**алтын**	altın
argento (m)	**күмүш**	kymyʃ
nichel (m)	**никель**	nikelʲ
rame (m)	**жез**	dʒez
zinco (m)	**цинк**	ʦınk
manganese (m)	**марганец**	marganeʦ
mercurio (m)	**сымап**	sımap
piombo (m)	**коргошун**	korgoʃun
minerale (m)	**минерал**	mineral
cristallo (m)	**кристалл**	kristall
marmo (m)	**мрамор**	mramor
uranio (m)	**уран**	uran

85. Tempo

tempo (m)	**аба-ырайы**	aba-ırajı
previsione (f) del tempo	**аба-ырайы боюнча маалымат**	aba-ırajı bojʉnʧa maalımat
temperatura (f)	**температура**	temperatura
termometro (m)	**термометр**	termometr
barometro (m)	**барометр**	barometr
umido (agg)	**нымдуу**	nımduu
umidità (f)	**ным**	nım
caldo (m), afa (f)	**ысык**	ısık
molto caldo (agg)	**кыйын ысык**	kıjın ısık
fa molto caldo	**ысык**	ısık
fa caldo	**жылуу**	dʒıluu
caldo, mite (agg)	**жылуу**	dʒıluu
fa freddo	**суук**	suuk
freddo (agg)	**суук**	suuk
sole (m)	**күн**	kyn

splendere (vi)	**күн тийүү**	kyn tijyy
di sole (una giornata ~)	**күн ачык**	kyn aʧık
sorgere, levarsi (vr)	**чыгуу**	ʧıguu
tramontare (vi)	**батуу**	batuu
nuvola (f)	**булут**	bulut
nuvoloso (agg)	**булуттуу**	buluttuu
nube (f) di pioggia	**булут**	bulut
nuvoloso (agg)	**күн бүркөк**	kyn byrkøk
pioggia (f)	**жамгыр**	ʤamgır
piove	**жамгыр жаап жатат**	ʤamgır ʤaap ʤatat
piovoso (agg)	**жаандуу**	ʤaanduu
piovigginare (vi)	**дыбыратуу**	dıbıratuu
pioggia (f) torrenziale	**нөшөрлөгөн жаан**	nøʃørløgøn ʤaan
acquazzone (m)	**нөшөр**	nøʃør
forte (una ~ pioggia)	**катуу**	katuu
pozzanghera (f)	**көлчүк**	kølʧyk
bagnarsi (~ sotto la pioggia)	**суу болуу**	suu boluu
foschia (f), nebbia (f)	**туман**	tuman
nebbioso (agg)	**тумандуу**	tumanduu
neve (f)	**кар**	kar
nevica	**кар жаап жатат**	kar ʤaap ʤatat

86. Rigide condizioni metereologiche. Disastri naturali

temporale (m)	**чагылгандуу жаан**	ʧagılganduu ʤaan
fulmine (f)	**чагылган**	ʧagılgan
lampeggiare (vi)	**жарк этүү**	ʤark etyy
tuono (m)	**күн күркүрөө**	kyn kyrkyrøø
tuonare (vi)	**күн күркүрөө**	kyn kyrkyrøø
tuona	**күн күркүрөп жатат**	kyn kyrkyrøp ʤatat
grandine (f)	**мөндүр**	møndyr
grandina	**мөндүр түшүп жатат**	møndyr tyʃyp ʤatat
inondare (vt)	**суу каптоо**	suu kaptoo
inondazione (f)	**ташкын**	taʃkın
terremoto (m)	**жер титирөө**	ʤer titirøø
scossa (f)	**жердин силкиниши**	ʤerdin silkiniʃi
epicentro (m)	**эпицентр**	epiʦentr
eruzione (f)	**атырылып чыгуу**	atırılıp ʧıguu
lava (f)	**лава**	lava
tromba (f) d'aria	**куюн**	kujʉn
tornado (m)	**торнадо**	tornado
tifone (m)	**тайфун**	tajfun
uragano (m)	**бороон**	boroon
tempesta (f)	**бороон чапкын**	boroon ʧapkın

tsunami (m)	**цунами**	ʦunami
ciclone (m)	**циклон**	ʦıklon
maltempo (m)	**жаан-чачындуу күн**	ʤaan-ʧaʧınduu kyn
incendio (m)	**өрт**	ørt
disastro (m)	**кыйроо**	kıjroo
meteorite (m)	**метеорит**	meteorit
valanga (f)	**көчкү**	køʧky
slavina (f)	**кар көчкүсү**	kar køʧkysy
tempesta (f) di neve	**кар бороону**	kar boroonu
bufera (f) di neve	**бурганак**	burganak

FAUNA

87. Mammiferi. Predatori

predatore (m)	**жырткыч**	ʤɪrtkɪʧ
tigre (f)	**жолборс**	ʤolbors
leone (m)	**арстан**	arstan
lupo (m)	**карышкыр**	karɪʃkɪr
volpe (m)	**түлкү**	tylky
giaguaro (m)	**ягуар**	jaguar
leopardo (m)	**леопард**	leopard
ghepardo (m)	**гепард**	gepard
pantera (f)	**пантера**	pantera
puma (f)	**пума**	puma
leopardo (m) delle nevi	**илбирс**	ilbirs
lince (f)	**сүлөөсүн**	syløøsyn
coyote (m)	**койот**	kojot
sciacallo (m)	**чөө**	ʧøø
iena (f)	**гиена**	giena

88. Animali selvatici

animale (m)	**жаныбар**	ʤanɪbar
bestia (f)	**жапайы жаныбар**	ʤapajɪ ʤanɪbar
scoiattolo (m)	**тыйын чычкан**	tɪjɪn ʧɪʧkan
riccio (m)	**кирпичечен**	kirpiʧeʧen
lepre (f)	**коен**	koen
coniglio (m)	**коен**	koen
tasso (m)	**кашкулак**	kaʃkulak
procione (f)	**енот**	enot
criceto (m)	**хомяк**	χomʲak
marmotta (f)	**суур**	suur
talpa (f)	**момолой**	momoloj
topo (m)	**чычкан**	ʧɪʧkan
ratto (m)	**келемиш**	kelemiʃ
pipistrello (m)	**жарганат**	ʤarganat
ermellino (m)	**арс чычкан**	ars ʧɪʧkan
zibellino (m)	**киш**	kiʃ
martora (f)	**суусар**	suusar
donnola (f)	**ласка**	laska
visone (m)	**норка**	norka

castoro (m)	**кемчет**	kemʧet
lontra (f)	**кундуз**	kunduz
cavallo (m)	**жылкы**	ʤılkı
alce (m)	**багыш**	bagıʃ
cervo (m)	**бугу**	bugu
cammello (m)	**төө**	tøø
bisonte (m) americano	**бизон**	bizon
bisonte (m) europeo	**зубр**	zubr
bufalo (m)	**буйвол**	bujvol
zebra (f)	**зебра**	zebra
antilope (f)	**антилопа**	antilopa
capriolo (m)	**элик**	elik
daino (m)	**лань**	lanʲ
camoscio (m)	**жейрен**	ʤejren
cinghiale (m)	**каман**	kaman
balena (f)	**кит**	kit
foca (f)	**тюлень**	tʉlenʲ
tricheco (m)	**морж**	morʤ
otaria (f)	**деңиз мышыгы**	deŋiz mıʃıgı
delfino (m)	**дельфин**	delʲfin
orso (m)	**аюу**	ajʉu
orso (m) bianco	**ак аюу**	ak ajʉu
panda (m)	**панда**	panda
scimmia (f)	**маймыл**	majmıl
scimpanzè (m)	**шимпанзе**	ʃimpanze
orango (m)	**орангутанг**	orangutang
gorilla (m)	**горилла**	gorilla
macaco (m)	**макака**	makaka
gibbone (m)	**гиббон**	gibbon
elefante (m)	**пил**	pil
rinoceronte (m)	**керик**	kerik
giraffa (f)	**жираф**	ʤiraf
ippopotamo (m)	**бегемот**	begemot
canguro (m)	**кенгуру**	kenguru
koala (m)	**коала**	koala
mangusta (f)	**мангуст**	mangust
cincillà (f)	**шиншилла**	ʃinʃilla
moffetta (f)	**скунс**	skuns
istrice (m)	**чүткөр**	ʧytkør

89. Animali domestici

gatta (f)	**ургаачы мышык**	urgaaʧı mıʃık
gatto (m)	**эркек мышык**	erkek mıʃık
cane (m)	**ит**	it

cavallo (m)	**жылкы**	ʤılkı
stallone (m)	**айгыр**	ajgır
giumenta (f)	**бээ**	bee
mucca (f)	**уй**	uj
toro (m)	**бука**	buka
bue (m)	**өгүз**	øgyz
pecora (f)	**кой**	koj
montone (m)	**кочкор**	koʧkor
capra (f)	**эчки**	eʧki
caprone (m)	**теке**	teke
asino (m)	**эшек**	eʃek
mulo (m)	**качыр**	kaʧır
porco (m)	**чочко**	ʧoʧko
porcellino (m)	**торопой**	toropoj
coniglio (m)	**коен**	koen
gallina (f)	**тоок**	took
gallo (m)	**короз**	koroz
anatra (f)	**өрдөк**	ørdøk
maschio (m) dell'anatra	**эркек өрдөк**	erkek ørdøk
oca (f)	**каз**	kaz
tacchino (m)	**күрп**	kyrp
tacchina (f)	**ургаачы күрп**	urgaaʧı kyrp
animali (m pl) domestici	**үй жаныбарлары**	yj ʤanıbarları
addomesticato (agg)	**колго үйрөтүлгөн**	kolgo yjrøtylgøn
addomesticare (vt)	**колго үйрөтүү**	kolgo yjrøtyy
allevare (vt)	**өстүрүү**	østyryy
fattoria (f)	**ферма**	ferma
pollame (m)	**үй канаттулары**	yj kanattuları
bestiame (m)	**мал**	mal
branco (m), mandria (f)	**бада**	bada
scuderia (f)	**аткана**	atkana
porcile (m)	**чочкокана**	ʧoʧkokana
stalla (f)	**уйкана**	ujkana
conigliera (f)	**коенкана**	koenkana
pollaio (m)	**тоокана**	tookana

90. Uccelli

uccello (m)	**куш**	kuʃ
colombo (m), piccione (m)	**көгүчкөн**	køgyʧkøn
passero (m)	**таранчы**	taranʧı
cincia (f)	**синица**	siniʦa
gazza (f)	**сагызган**	sagızgan
corvo (m)	**кузгун**	kuzgun

cornacchia (f)	**карга**	karga
taccola (f)	**таан**	taan
corvo (m) nero	**чаркарга**	ʧarkarga
anatra (f)	**өрдөк**	ørdøk
oca (f)	**каз**	kaz
fagiano (m)	**кыргоол**	kırgool
aquila (f)	**бүркүт**	byrkyt
astore (m)	**ителги**	itelgi
falco (m)	**шумкар**	ʃumkar
grifone (m)	**жору**	ʤoru
condor (m)	**кондор**	kondor
cigno (m)	**аккуу**	akkuu
gru (f)	**турна**	turna
cicogna (f)	**илегилек**	ilegilek
pappagallo (m)	**тотукуш**	totukuʃ
colibrì (m)	**колибри**	kolibri
pavone (m)	**тоос**	toos
struzzo (m)	**төө куш**	tøø kuʃ
airone (m)	**көк кытан**	køk kıtan
fenicottero (m)	**фламинго**	flamingo
pellicano (m)	**биргазан**	birgazan
usignolo (m)	**булбул**	bulbul
rondine (f)	**чабалекей**	ʧabalekej
tordo (m)	**таркылдак**	tarkıldak
tordo (m) sasello	**сайрагыч таркылдак**	sajragıʧ tarkıldak
merlo (m)	**кара таңдай таркылдак**	kara taŋdaj tarkıldak
rondone (m)	**кардыгач**	kardıgaʧ
allodola (f)	**торгой**	torgoj
quaglia (f)	**бөдөнө**	bødønø
picchio (m)	**тоңкулдак**	toŋkuldak
cuculo (m)	**күкүк**	kykyk
civetta (f)	**мыкый үкү**	mıkıj yky
gufo (m) reale	**үкү**	yky
urogallo (m)	**керең кур**	kereŋ kur
fagiano (m) di monte	**кара кур**	kara kur
pernice (f)	**кекилик**	kekilik
storno (m)	**чыйырчык**	ʧıjırʧık
canarino (m)	**канарейка**	kanarejka
francolino (m) di monte	**токой чили**	tokoj ʧili
fringuello (m)	**зяблик**	zʲablik
ciuffolotto (m)	**снегирь**	snegirʲ
gabbiano (m)	**ак чардак**	ak ʧardak
albatro (m)	**альбатрос**	alʲbatros
pinguino (m)	**пингвин**	pingvin

91. Pesci. Animali marini

abramide (f)	**лещ**	leʃʧ
carpa (f)	**карп**	karp
perca (f)	**окунь**	okunʲ
pesce (m) gatto	**жаян**	ʤajan
luccio (m)	**чортон**	ʧorton
salmone (m)	**лосось**	lososʲ
storione (m)	**осётр**	osʲotr
aringa (f)	**сельдь**	selʲdʲ
salmone (m)	**сёмга**	sʲomga
scombro (m)	**скумбрия**	skumbrija
sogliola (f)	**камбала**	kambala
lucioperca (f)	**судак**	sudak
merluzzo (m)	**треска**	treska
tonno (m)	**тунец**	tuneʦ
trota (f)	**форель**	forelʲ
anguilla (f)	**угорь**	ugorʲ
torpedine (f)	**скат**	skat
murena (f)	**мурена**	murena
piranha (f)	**пиранья**	piranja
squalo (m)	**акула**	akula
delfino (m)	**дельфин**	delʲfin
balena (f)	**кит**	kit
granchio (m)	**краб**	krab
medusa (f)	**медуза**	meduza
polpo (m)	**сегиз бут**	segiz but
stella (f) marina	**деңиз жылдызы**	deŋiz ʤıldızı
riccio (m) di mare	**деңиз кирписи**	deŋiz kirpisi
cavalluccio (m) marino	**деңиз тайы**	deŋiz tajı
ostrica (f)	**устрица**	ustriʦa
gamberetto (m)	**креветка**	krevetka
astice (m)	**омар**	omar
aragosta (f)	**лангуст**	langust

92. Anfibi. Rettili

serpente (m)	**жылан**	ʤılan
velenoso (agg)	**уулуу**	uuluu
vipera (f)	**кара чаар жылан**	kara ʧaar ʤılan
cobra (m)	**кобра**	kobra
pitone (m)	**питон**	piton
boa (m)	**удав**	udav
biscia (f)	**сары жылан**	sarı ʤılan

serpente (m) a sonagli	**шакылдак жылан**	ʃakıldak ʤılan
anaconda (f)	**анаконда**	anakonda
lucertola (f)	**кескелдирик**	keskeldirik
iguana (f)	**игуана**	iguana
varano (m)	**эчкемер**	eʧkemer
salamandra (f)	**саламандра**	salamandra
camaleonte (m)	**хамелеон**	χameleon
scorpione (m)	**чаян**	ʧajan
tartaruga (f)	**ташбака**	taʃbaka
rana (f)	**бака**	baka
rospo (m)	**курбака**	kurbaka
coccodrillo (m)	**крокодил**	krokodil

93. Insetti

insetto (m)	**курт-кумурска**	kurt-kumurska
farfalla (f)	**көпөлөк**	køpøløk
formica (f)	**кумурска**	kumurska
mosca (f)	**чымын**	ʧımın
zanzara (f)	**чиркей**	ʧirkej
scarabeo (m)	**коңуз**	koŋuz
vespa (f)	**аары**	aarı
ape (f)	**бал аары**	bal aarı
bombo (m)	**жапан аары**	ʤapan aarı
tafano (m)	**көгөөн**	køgøøn
ragno (m)	**жөргөмүш**	ʤørgømyʃ
ragnatela (f)	**желе**	ʤele
libellula (f)	**ийнелик**	ijnelik
cavalletta (f)	**чегиртке**	ʧegirtke
farfalla (f) notturna	**көпөлөк**	køpøløk
scarafaggio (m)	**таракан**	tarakan
zecca (f)	**кене**	kene
pulce (f)	**бүргө**	byrgø
moscerino (m)	**майда чымын**	majda ʧımın
locusta (f)	**чегиртке**	ʧegirtke
lumaca (f)	**үлүл**	ylyl
grillo (m)	**кара чегиртке**	kara ʧegirtke
lucciola (f)	**жалтырак коңуз**	ʤaltırak koŋuz
coccinella (f)	**айланкөчөк**	ajlankøʧøk
maggiolino (m)	**саратан коңуз**	saratan koŋuz
sanguisuga (f)	**сүлүк**	sylyk
bruco (m)	**каз таман**	kaz taman
verme (m)	**жер курту**	ʤer kurtu
larva (f)	**курт**	kurt

FLORA

94. Alberi

albero (m)	**дарак**	darak
deciduo (agg)	**жалбырактуу**	ʤalbıraktuu
conifero (agg)	**ийне жалбырактуулар**	ijne ʤalbıraktuular
sempreverde (agg)	**дайым жашыл**	dajım ʤaʃıl
melo (m)	**алма бак**	alma bak
pero (m)	**алмурут бак**	almurut bak
ciliegio (m)	**гилас**	gilas
amareno (m)	**алча**	alʧa
prugno (m)	**кара өрүк**	kara øryk
betulla (f)	**ак кайың**	ak kajıŋ
quercia (f)	**эмен**	emen
tiglio (m)	**жөкө дарак**	ʤøkø darak
pioppo (m) tremolo	**бай терек**	baj terek
acero (m)	**клён**	klʲon
abete (m)	**кара карагай**	kara karagaj
pino (m)	**карагай**	karagaj
larice (m)	**лиственница**	listvennitsa
abete (m) bianco	**пихта**	piχta
cedro (m)	**кедр**	kedr
pioppo (m)	**терек**	terek
sorbo (m)	**четин**	ʧetin
salice (m)	**мажүрүм тал**	maʤyrym tal
alno (m)	**ольха**	olʲχa
faggio (m)	**бук**	buk
olmo (m)	**кара жыгач**	kara ʤıgaʧ
frassino (m)	**ясень**	jasenʲ
castagno (m)	**каштан**	kaʃtan
magnolia (f)	**магнолия**	magnolija
palma (f)	**пальма**	palʲma
cipresso (m)	**кипарис**	kiparis
mangrovia (f)	**мангро дарагы**	mangro daragı
baobab (m)	**баобаб**	baobab
eucalipto (m)	**эвкалипт**	evkalipt
sequoia (f)	**секвойя**	sekvoja

95. Arbusti

cespuglio (m)	**бадал**	badal
arbusto (m)	**бадал**	badal

vite (f)	**жүзүм**	ʤyzym
vigneto (m)	**жүзүмдүк**	ʤyzymdyk
lampone (m)	**дан куурай**	dan kuuraj
ribes (m) nero	**кара карагат**	kara karagat
ribes (m) rosso	**кызыл карагат**	kızıl karagat
uva (f) spina	**крыжовник**	krıʤovnik
acacia (f)	**акация**	akaʦija
crespino (m)	**бөрү карагат**	børy karagat
gelsomino (m)	**жасмин**	ʤasmin
ginepro (m)	**кара арча**	kara arʧa
roseto (m)	**роза бадалы**	roza badalı
rosa (f) canina	**ит мурун**	it murun

96. Frutti. Bacche

frutto (m)	**мөмө-жемиш**	mømø-ʤemiʃ
frutti (m pl)	**мөмө-жемиш**	mømø-ʤemiʃ
mela (f)	**алма**	alma
pera (f)	**алмурут**	almurut
prugna (f)	**кара өрүк**	kara øryk
fragola (f)	**кулпунай**	kulpunaj
amarena (f)	**алча**	alʧa
ciliegia (f)	**гилас**	gilas
uva (f)	**жүзүм**	ʤyzym
lampone (m)	**дан куурай**	dan kuuraj
ribes (m) nero	**кара карагат**	kara karagat
ribes (m) rosso	**кызыл карагат**	kızıl karagat
uva (f) spina	**крыжовник**	krıʤovnik
mirtillo (m) di palude	**клюква**	klʉkva
arancia (f)	**апельсин**	apelʲsin
mandarino (m)	**мандарин**	mandarin
ananas (m)	**ананас**	ananas
banana (f)	**банан**	banan
dattero (m)	**курма**	kurma
limone (m)	**лимон**	limon
albicocca (f)	**өрүк**	øryk
pesca (f)	**шабдаалы**	ʃabdaalı
kiwi (m)	**киви**	kivi
pompelmo (m)	**грейпфрут**	grejpfrut
bacca (f)	**жер жемиш**	ʤer ʤemiʃ
bacche (f pl)	**жер жемиштер**	ʤer ʤemiʃter
mirtillo (m) rosso	**брусника**	brusnika
fragola (f) di bosco	**кызылгат**	kızılgat
mirtillo (m)	**кара моюл**	kara mojʉl

97. Fiori. Piante

fiore (m)	**гүл**	gyl
mazzo (m) di fiori	**десте**	deste
rosa (f)	**роза**	roza
tulipano (m)	**жоогазын**	ʤoogazın
garofano (m)	**гвоздика**	gvozdika
gladiolo (m)	**гладиолус**	gladiolus
fiordaliso (m)	**ботокөз**	botokøz
campanella (f)	**коңгуроо гүл**	koŋguroo gyl
soffione (m)	**каакым-кукум**	kaakım-kukum
camomilla (f)	**ромашка**	romaʃka
aloe (m)	**алоэ**	aloe
cactus (m)	**кактус**	kaktus
ficus (m)	**фикус**	fikus
giglio (m)	**лилия**	lilija
geranio (m)	**герань**	geranʲ
giacinto (m)	**гиацинт**	giaʦint
mimosa (f)	**мимоза**	mimoza
narciso (m)	**нарцисс**	narʦiss
nasturzio (m)	**настурция**	nasturʦija
orchidea (f)	**орхидея**	orχideja
peonia (f)	**пион**	pion
viola (f)	**бинапша**	binapʃa
viola (f) del pensiero	**алагүл**	alagyl
nontiscordardimé (m)	**незабудка**	nezabudka
margherita (f)	**маргаритка**	margaritka
papavero (m)	**кызгалдак**	kızgaldak
canapa (f)	**наша**	naʃa
menta (f)	**жалбыз**	ʤalbız
mughetto (m)	**ландыш**	landıʃ
bucaneve (m)	**байчечекей**	bajʧeʧekej
ortica (f)	**чалкан**	ʧalkan
acetosa (f)	**ат кулак**	at kulak
ninfea (f)	**чөмүч баш**	ʧømyʧ baʃ
felce (f)	**папоротник**	paporotnik
lichene (m)	**лишайник**	liʃajnik
serra (f)	**күнөскана**	kynøskana
prato (m) erboso	**газон**	gazon
aiuola (f)	**клумба**	klumba
pianta (f)	**өсүмдүк**	øsymdyk
erba (f)	**чөп**	ʧøp
filo (m) d'erba	**бир тал чөп**	bir tal ʧøp

foglia (f)	**жалбырак**	ʤalbırak
petalo (m)	**гүлдүн желекчеси**	gyldyn ʤelektʃesi
stelo (m)	**сабак**	sabak
tubero (m)	**жемиш тамыр**	ʤemiʃ tamır
germoglio (m)	**өсмө**	øsmø
spina (f)	**тикен**	tiken
fiorire (vi)	**гүлдөө**	gyldøø
appassire (vi)	**соолуу**	sooluu
odore (m), profumo (m)	**жыт**	ʤıt
tagliare (~ i fiori)	**кесүү**	kesyy
cogliere (vt)	**үзүү**	yzyy

98. Cereali, granaglie

grano (m)	**дан**	dan
cereali (m pl)	**дан эгиндери**	dan eginderi
spiga (f)	**машак**	maʃak
frumento (m)	**буудай**	buudaj
segale (f)	**кара буудай**	kara buudaj
avena (f)	**сулу**	sulu
miglio (m)	**таруу**	taruu
orzo (m)	**арпа**	arpa
mais (m)	**жүгөрү**	ʤygøry
riso (m)	**күрүч**	kyrytʃ
grano (m) saraceno	**гречиха**	gretʃiχa
pisello (m)	**нокот**	nokot
fagiolo (m)	**төө буурчак**	tøø buurtʃak
soia (f)	**соя**	soja
lenticchie (f pl)	**жасмык**	ʤasmık
fave (f pl)	**буурчак**	buurtʃak

PAESI

99. Paesi. Parte 1

Afghanistan (m)	**Ооганстан**	ooganstan
Albania (f)	**Албания**	albanija
Arabia Saudita (f)	**Сауд Аравиясы**	saud aravijası
Argentina (f)	**Аргентина**	argentina
Armenia (f)	**Армения**	armenija
Australia (f)	**Австралия**	avstralija
Austria (f)	**Австрия**	avstrija
Azerbaigian (m)	**Азербайжан**	azerbajʤan
Le Bahamas	**Багам аралдары**	bagam araldarı
Bangladesh (m)	**Бангладеш**	bangladeʃ
Belgio (m)	**Бельгия**	belʲgija
Bielorussia (f)	**Беларусь**	belarusʲ
Birmania (f)	**Мьянма**	mjanma
Bolivia (f)	**Боливия**	bolivija
Bosnia-Erzegovina (f)	**Босния жана**	bosnija ʤana
Brasile (m)	**Бразилия**	brazilija
Bulgaria (f)	**Болгария**	bolgarija
Cambogia (f)	**Камбожа**	kamboʤa
Canada (m)	**Канада**	kanada
Cile (m)	**Чили**	ʧili
Cina (f)	**Кытай**	kıtaj
Cipro (m)	**Кипр**	kipr
Colombia (f)	**Колумбия**	kolumbija
Corea (f) del Nord	**Тундүк Корея**	tundyk koreja
Corea (f) del Sud	**Түштүк Корея**	tyʃtyk koreja
Croazia (f)	**Хорватия**	χorvatija
Cuba (f)	**Куба**	kuba
Danimarca (f)	**Дания**	danija
Ecuador (m)	**Эквадор**	ekvador
Egitto (m)	**Египет**	egipet
Emirati (m pl) Arabi	**Бириккен Араб Эмираттары**	birikken arab emirattarı
Estonia (f)	**Эстония**	estonija
Finlandia (f)	**Финляндия**	finlʲandija
Francia (f)	**Франция**	frantsija

100. Paesi. Parte 2

Georgia (f)	**Грузия**	gruzija
Germania (f)	**Германия**	germanija
Ghana (m)	**Гана**	gana

Giamaica (f)	**Ямайка**	jamajka
Giappone (m)	**Япония**	japonija
Giordania (f)	**Иордания**	iordanija
Gran Bretagna (f)	**Улуу Британия**	uluu britanija
Grecia (f)	**Греция**	gretsija
Haiti (m)	**Гаити**	gaiti
India (f)	**Индия**	indija
Indonesia (f)	**Индонезия**	indonezija
Inghilterra (f)	**Англия**	anglija
Iran (m)	**Иран**	iran
Iraq (m)	**Ирак**	irak
Irlanda (f)	**Ирландия**	irlandija
Islanda (f)	**Исландия**	islandija
Israele (m)	**Израиль**	izrailʲ
Italia (f)	**Италия**	italija
Kazakistan (m)	**Казакстан**	kazakstan
Kenya (m)	**Кения**	kenija
Kirghizistan (m)	**Кыргызстан**	kɪrgɪzstan
Kuwait (m)	**Кувейт**	kuvejt
Laos (m)	**Лаос**	laos
Lettonia (f)	**Латвия**	latvija
Libano (m)	**Ливан**	livan
Libia (f)	**Ливия**	livija
Liechtenstein (m)	**Лихтенштейн**	liχtenʃtejn
Lituania (f)	**Литва**	litva
Lussemburgo (m)	**Люксембург**	lʉksemburg
Macedonia (f)	**Македония**	makedonija
Madagascar (m)	**Мадагаскар**	madagaskar
Malesia (f)	**Малазия**	malazija
Malta (f)	**Мальта**	malʲta
Marocco (m)	**Марокко**	marokko
Messico (m)	**Мексика**	meksika
Moldavia (f)	**Молдова**	moldova
Monaco (m)	**Монако**	monako
Mongolia (f)	**Монголия**	mongolija
Montenegro (m)	**Черногория**	ʧernogorija
Namibia (f)	**Намибия**	namibija
Nepal (m)	**Непал**	nepal
Norvegia (f)	**Норвегия**	norvegija
Nuova Zelanda (f)	**Жаңы Зеландия**	ʤaŋɪ zelandija

101. Paesi. Parte 3

Paesi Bassi (m pl)	**Нидерланддар**	niderlanddar
Pakistan (m)	**Пакистан**	pakistan
Palestina (f)	**Палестина**	palestina
Panama (m)	**Панама**	panama
Paraguay (m)	**Парагвай**	paragvaj
Perù (m)	**Перу**	peru

Polinesia (f) Francese	**Француз Полинезиясы**	frantsuz polinezijası
Polonia (f)	**Польша**	polʲʃa
Portogallo (f)	**Португалия**	portugalija
Repubblica (f) Ceca	**Чехия**	ʧeχija
Repubblica (f) Dominicana	**Доминикан Республикасы**	dominikan respublikası
Repubblica (f) Sudafricana	**ТАР**	tar
Romania (f)	**Румыния**	rumınija
Russia (f)	**Россия**	rossija
Scozia (f)	**Шотландия**	ʃotlandija
Senegal (m)	**Сенегал**	senegal
Serbia (f)	**Сербия**	serbija
Siria (f)	**Сирия**	sirija
Slovacchia (f)	**Словакия**	slovakija
Slovenia (f)	**Словения**	slovenija
Spagna (f)	**Испания**	ispanija
Stati (m pl) Uniti d'America	**Америка Кошмо Штаттары**	amerika koʃmo ʃtattarı
Suriname (m)	**Суринам**	surinam
Svezia (f)	**Швеция**	ʃvetsija
Svizzera (f)	**Швейцария**	ʃvejtsarija
Tagikistan (m)	**Тажикистан**	tadʒikistan
Tailandia (f)	**Таиланд**	tailand
Taiwan (m)	**Тайвань**	tajvanʲ
Tanzania (f)	**Танзания**	tanzanija
Tasmania (f)	**Тасмания**	tasmanija
Tunisia (f)	**Тунис**	tunis
Turchia (f)	**Түркия**	tyrkija
Turkmenistan (m)	**Туркмения**	turkmenija
Ucraina (f)	**Украина**	ukraina
Ungheria (f)	**Венгрия**	vengrija
Uruguay (m)	**Уругвай**	urugvaj
Uzbekistan (m)	**Өзбекистан**	øzbekistan
Vaticano (m)	**Ватикан**	vatikan
Venezuela (f)	**Венесуэла**	venesuela
Vietnam (m)	**Вьетнам**	vjetnam
Zanzibar	**Занзибар**	zanzibar